1100 MEGA-Witze

ACHTUNG: Für Erwachsene
nicht geeignet!!!

1100 MEGA-Witze

ACHTUNG:
Für Erwachsene
nicht geeignet!!!

EDITION XXL

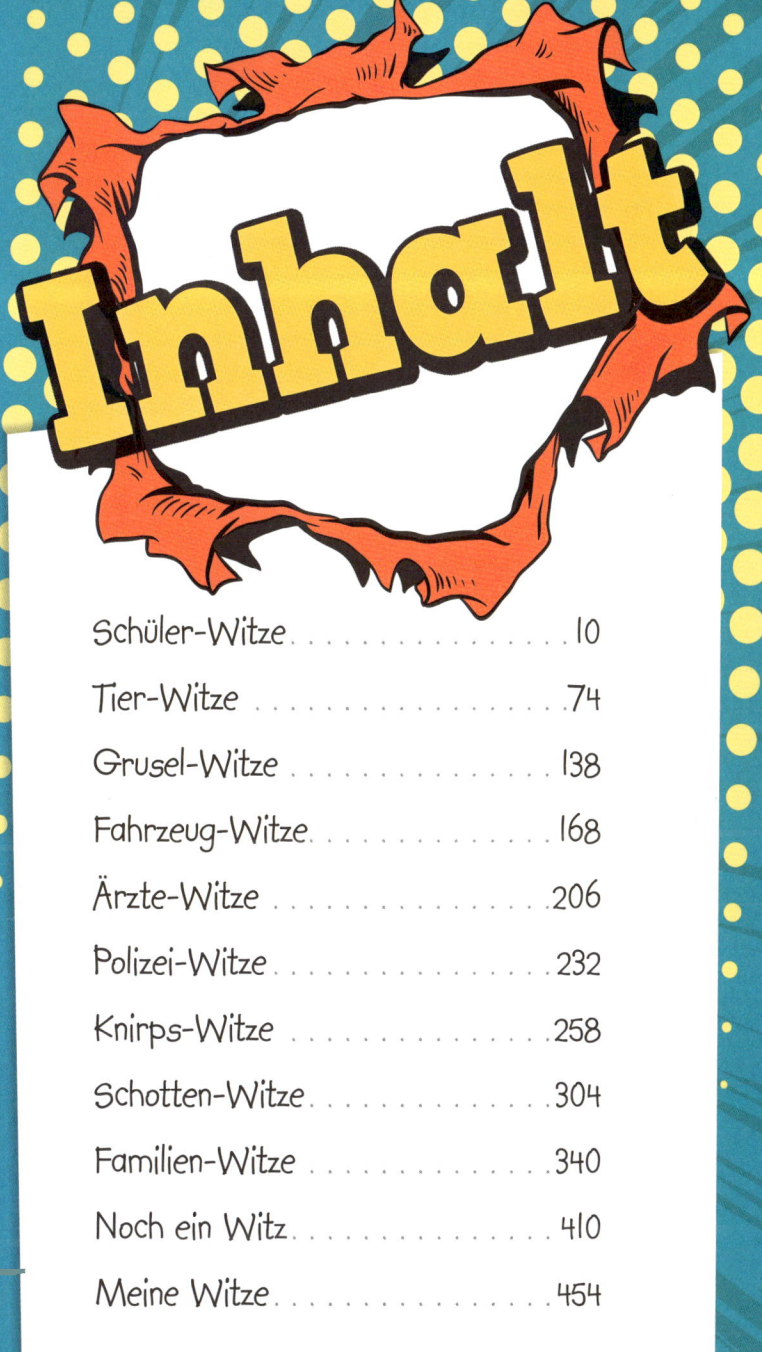

Inhalt

SCHÜLER-Witze

Der erste Schultag: Mitten in der ersten Stunde packt Philip sein Brötchen aus. Sagt die Lehrerin: „Philip, hier gibt es aber kein Frühstück!" Grinst Philip: „Das dachte ich mir schon. Deshalb habe ich mir ja auch was mitgebracht!"

Zwei Erstklässler unterhalten sich:
„Ich muss abends um neun ins Bett."
„Ich muss schon um acht ins Bett."
„Dann sind deine Eltern ja noch um
eine Stunde gemeiner als meine!"

Der Lehrer fragt im Deutschunterricht:
„Der Ziegenbock und die Kuh ist im Stall.
Max, was ist falsch an diesem Satz?"
„Die Dame muss zuerst genannt werden,
Herr Lehrer!"

„Sie können hier nicht schlafen,
junger Mann", sagt der Professor.
„Jedenfalls nicht während meiner Vorlesung!"
„Doch, es geht, Herr Professor,
wenn Sie bitte etwas leiser
sprechen könnten!"

Heinrich wird in der Schule gefragt, was man unter drei hoch eins versteht. Er antwortet: „Einen Hund, der an einen Baum pinkelt."

Eine Schulklasse bekommt das Aufsatzthema: „Unser Hund." Der kleine Rainer schreibt: „Unser Hund. Wir haben keinen!"

Heike hat in den Semesterferien einen Job als Museumsführerin angenommen. „Ist das wirklich der Schädel von Kleopatra?", will ein Besucher wissen. „Aber gewiss", versichert Heike. „Und von wem stammt der kleine Schädel daneben?" „Der ist wohl auch von Kleopatra, als sie noch ein Kind war", vermutet Heike.

Der Lehrer fragt: „Fabian, nenne mir fünf Tiere, die in Afrika leben."
„Drei Gnus und zwei Zebras."

De Lehrer fragt den neuen Schüler:
„Wie heißt du mit Nachnamen?"
„Maier – aber ohne h!"
Da wundert sich der Lehrer: „Wieso, Maier schreibt man doch immer ohne h."
„Sag ich doch", lächelt der Schüler.

Der Lehrer fragt seine Schüler: „Wir sagen zum Beispiel: der kalte Januar, der launische April, der heiße Juni. Kann mir noch jemand ein Beispiel nennen?" Eifrig meldet sich Anne: „Der dumme August, Herr Lehrer."

„Papa, unser Lehrer kennt noch nicht einmal ein Pferd!" „Wieso denn nicht?" „Heute hatten wir in der Schule Zeichnen. Da habe ich ein Pferd gemalt und unser Lehrer hat mich gefragt, was das denn sein soll."

Während der Physikstunde: „Jetzt reibt mal eure Hände ganz schnell aneinander. Was bemerkt ihr?" Anton meldet sich: „Lauter schwarze Krümelchen, Herr Lehrer."

Die Lehrerin gibt ihren Schülern die Klassenarbeit zurück. Nachdem Jakob sein Heft bekommen hat, meldet er sich eifrig. „Na, Jakob, was ist?", fragt die Lehrerin. „Bitte, Frau Lehrerin, was heißt denn das, was Sie unter meinen Aufsatz geschrieben haben?" „Ungenügend wegen unleserlicher Schrift."

„Kannst du mir einen griechischen Dichter nennen, Moritz?"

„Achilles, Herr Lehrer!"

„Achilles? Wodurch soll der denn berühmt geworden sein?"

„Durch seine Ferse!"

Lehrerfrage: „Warum heißt es Muttersprache?"

Schülerantwort: „Weil Vater nie zu Wort kommt."

Der Onkel ist zu Besuch und erkundigt sich bei seinen Neffen nach ihren Leistungen in der Schule. „Ich bin der Erste in Englisch", meint der Älteste. „Und ich bin der Erste in Mathematik", sagt der Zweite. „Und ich", fügt der Dritte hinzu, „bin als Erster draußen, wenn es Klingelt!"

„Peter", sagt der Lehrer, „dein Vater führt eine
Fleischerei. Ich schlage vor, du erzählst der Klasse
mal, wie Wurst gemacht wird." Peter schweigt.
Fragt der Lehrer: „Weißt du es etwa nicht?"
„Ich weiß es schon, aber ich darf es nicht erzählen."

Die Lehrerin fragt die Schüler:
„Wozu ist Wasser nützlich?"
Sven meldet sich:
„Wenn es kein Wasser gäbe,
dann wären die Inseln ohne
jede Verbindung!"

Der kleine Samuel steht auf und sagt:
„Ich muss mal!"
„Hör mal, Samuel, in einem solchen Fall
sollst du den Finger hochheben",
sagt die Lehrerin. „Was", fragt der
Kleine erstaunt, „damit geht das auch?"

Es gibt Zeugnisse. Der Lehrer sagt zu Theo:
„Wenn dein Vater dein Zeugnis sieht,
bekommt er graue Haare."
„Da wird er sich aber freuen – er hat eine Glatze."

Simon sagt zur Lehrerin: „Es hat acht Beine, grüne
Augen und einen gelben Rücken – was ist das?"
„Das weiß ich nicht, sag es mir!"
„Ich weiß auch nicht, was es ist, aber es läuft
hinten über Ihr Kleid."

Der Lehrer mahnt: „Milan, jetzt stehst du schon eine Viertelstunde mit offenem Mund herum!"
„Weiß ich, ich hab ihn ja selbst aufgemacht."

„Papa, Heiner ist sitzengeblieben."
„Das wundert mich gar nicht. Das hat er von seinem Vater. Der ist der größte Esel, den ich kenne."
„Papa, ich bin auch sitzengeblieben ..."

Der Lehrer wendet sich an die Schüler:
„Also, Kinder, morgen kommt der Schularzt, um euch zu impfen. Dass auch jeder mit einem anständig gewaschenen Arm zur Schule kommt!"
Eine Weile herrscht Stille, dann meldet sich eine Stimme aus der hintersten Bank:
„Welcher Arm, der rechte oder der linke?"

Peter kommt zu spät in die Schule. Zu seiner Entschuldigung sagt er: „Ich habe die Hebamme holen müssen!" „So", meint der Lehrer skeptisch, „hätte denn das nicht dein kleiner Bruder machen können?" „Nein, Herr Lehrer", schüttelt da Peter ganz entsetzt seinen Kopf, „so etwas muss schon die Hebamme machen!"

Der Lehrer fragt Thilo: „Wie heißt die griechische Göttin der Rache?" Thilo lächelt ganz überlegen: „Ist doch einfach ... **Rachitis**!"

Der Deutschlehrer ist auf Krawall gebürstet: „So geht's nicht! Immer, wenn ich hier den Mund aufmache, fängt ein verdammter Idiot an zu reden."

Der Lehrer fragt die kleine Elsa: „Wo wurde der Vertrag von Versailles unterzeichnet?" „Auf der letzten Seite, Herr Lehrer!"

Ein Lehrer ist beim Schlittschuhlaufen einge-brochen und wird von einem Schüler gerettet. „Ich bin stolz, einen solchen Schüler in meiner Klasse zu haben. Gleich morgen werde ich der Klasse von deiner Heldentat berichten!", erklärt der Gerettete. „Tun Sie das bitte nicht", fleht der Schüler, „sonst kriege ich von der ganzen Klasse Prügel!"

„Was habt ihr denn gestern in der Schule gelernt, Tobias?" „Wie man Schwarzpulver mischt." „Und was lernt ihr heute in der Schule?" „In welcher Schule?"

„Wieder habe ich im Lotto keine einzige Zahl richtig!", schimpft der Vater. „Mach dir nichts daraus", tröstet ihn Anni, „mir geht's in den Mathearbeiten genauso."

Der Lehrer fragt: „Warum enthält die Milch Fett?" Antwortet Jannik: „weil das Kuheuter sonst beim Melken quietschen würde."

Lehrer: „Bilde einen Satz mit Pferd und Wagen, Linus!"
„Das Pferd zieht den Wagen."
„Gut, und nun die Befehlsform!"
„Hü!"

In der großen Pause steht Tom mit seinem Freund auf dem Schulhof und tritt von einem Fuß auf den anderen. „Was hast du denn?"
„Ich muss dringend aufs Klo. Aber ich bin doch nicht blöd und gehe jetzt in der Pause!"

Vater: „Nun, mein Sohn, hast du dich bei
der Lehrerin dafür entschuldigt,
dass du sie auf den Fuß getreten hast?"
„Ja, Papa, und sie hat mir ein Bonbon geschenkt."
„Und was tatest du?"
„Ich trat ihr auch auf den anderen Fuß,
damit ich noch ein Bonbon bekomme."

„Kann man für etwas bestraft
werden, das man nicht gemacht hat?",
fragt Luis den Lehrer.
„Nein, das wäre ja ungerecht."
„Toll, ich habe nämlich meine
Hausaufgaben nicht gemacht!"

Der Lehrer fragt Nele:
„Wie nennt man einen
Menschen, der redet, ohne
dass ihm jemand zuhört?"
„Lehrer, Herr Lehrer."

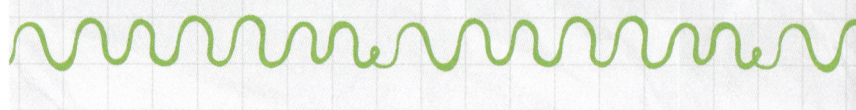

Fragt die junge Biologielehrerin ihre Klasse: „Was wisst ihr denn über den Körperbau?"
Meldet sich Ben: „Jeder Mensch hat einen, aber bei Ihnen sieht er am besten aus."

Die Mutter mahnt: „Paulchen, bevor du zur Schule gehst, wasch dir die Hände!"
„Och, ich glaube, das ist nicht nötig. Ich melde mich heute sowieso nicht!"

Der Religionslehrer fragt die Klasse:
„Wenn ihr meine Schäfchen seid, was bin dann ich?"
Erwidert Fritz:
„Der Leithammel!"

Anke hat die kranke Lehrerin besucht.
Draußen warten die Klassenkameradinnen.
Sie wollen wissen, wie es der Lehrerin geht.
„Es gibt keine Hoffnung mehr", sagt Anke betrübt,
„Sie kommt morgen wieder in die Schule!"

Der Lehrer erklärt in der Schule:
„Wenn man allein spielt, ist das ein
Solo. Wenn man zu zweit spielt,
heißt das Duo. Und wie heißt es,
wenn man zu dritt spielt?"
Da meldet sich der pfiffige Klaus:
„Skat, Herr Lehrer."

Der Lehrer lässt die Schüler in einer Reihe antreten.
„Wer von euch glaubt, der Faulste zu sein,
soll einen Schritt vortreten, der braucht heute
seine Hausaufgaben nicht zu machen."
Alle treten einen Schritt vor, nur einer nicht.
„Nun, was ist mit dir?"
„Zu mühsam."

Im Biologieunterricht erzählt der Lehrer
den Kindern etwas über Gämsen.
„Sie sind sehr scheu. Wenn Gefahr droht,
warnen sie sich durch schrille Pfiffe."
Um den Kindern das zu demonstrieren,
pfeift er auf zwei Fingern: „Ungefähr so."
„Das kann ich nicht glauben!", meint Karl.
„Wieso denn nicht?"
„Wie sollen denn die Gämsen die Pfoten
in den Mund kriegen?"

Der Lehrer ermahnt Hans während
der Klassenarbeit:
„Ich hoffe, ich habe nicht gesehen,
dass du eben abgeschrieben hast!"
Erwidert Hans: „Das hoffe ich auch!"

„Ich war heute im Schönheitssalon", erzählt Greta.
„Und warum bist du nicht drangekommen?", fragt
eine Klassenkameradin.

Leon zeigt seinem Vater das Zeugnis.
„So ein mieses Zeugnis hast du ja noch nie
gehabt!", brüllt der Vater wütend.
„Nein, Papa", freut sich Leon, „das ist ja auch
gar nicht von mir. Das habe ich in deinen alten
Sachen auf dem Dachboden gefunden."

Der Direktor kommt in die Klasse, als Lilli
gerade eine Frage des Lehrers beantworten will:
„Ich ist … "
„Das heißt ,ich bin'", unterbricht der Direktor sie.
„Also gut. Ich bin ein persönliches Fürwort."

Der Lehrer schimpft:
„Finn, du kommst ja schon wieder zu spät!"
Erwidert Finn:
„Wieso? Mein Vater sagt immer:
,Zum Lernen ist es nie zu spät!'"

„Alexander, kannst du
mir sagen, zu welcher
Familie der Walfisch gehört?"
„Ich kenne überhaupt keine
Familie, die einen Walfisch
hat, Herr Lehrer!"

„Warum wird denn bei dieser Schiffstaufe
statt einer Champagnerflasche ein
Tintenfass an den Schiffsbug geworfen?"
„Weil dieses hier ein Schulschiff ist!"

Der Sohn des Rechtsanwalts muss in der Schule nachsitzen. Grantig fragt der Vater ihn nach dem Grund. Die Antwort seines Sprösslings: „In Sachen Rechtschreibung gegen den Duden!"

Im Geografieunterricht fragt die Lehrerin: „Wer kann mir auf dieser Landkarte zeigen, wo Amerika liegt?" Markus meldet sich. „Sehr gut!", lobt die Lehrerin. „Und wer kann mir sagen, wer Amerika entdeckt hat?" Ruft die ganze Klasse wie aus einem Mund: „Der Markus!"

Der Lehrer gibt ein Aufsatzthema: Wenn ich Direktor einer großen Firma wäre ... Alle Schüler fangen sofort an zu schreiben, nur Kevin zögert noch. „Warum schreibst du nicht?", will der Lehrer wissen. „Ich warte noch auf meine Sekretärin!"

29

Zeichenstunde kurz vor Weihnachten. Alle Kinder sollen Maria, Josef und das Christkind in der Krippe malen. Rafael malt zusätzlich noch ein kleines Männchen. Die Lehrerin sieht die Zeichnung und fragt: „Das ist zwar eine lustige Figur, aber wen aus der Weihnachtsgeschichte soll sie denn darstellen?" „Das ist Owi!", erklärt Rafael. „Owi? Wer ist das denn?"

Rafael ist erstaunt: „Sie kennen Owi nicht? Aber wir haben doch vorhin erst gesungen: Stille Nacht, heilige Nacht, Gottes Sohn, Owi lacht ..."

Hille soll die Zahl 22 an die Tafel schreiben.

Sie malt eine wunderschöne 2 und hält dann inne.

„Worauf wartest du denn?", fragt die Lehrerin ungeduldig.

„Ich weiß nicht, ob die zweite 2 links oder rechts von der ersten hingehört."

„Gibt es denn keine Möglichkeit, meinen Sohn zu versetzen?", fragt der verzweifelte Vater in der Elternsprechstunde.
„Nein", antwortet der Lehrer. „Mit dem, was ihr Sohn alles nicht weiß, können noch drei weitere sitzenbleiben!"

Lotta erzählt in der Pause:
„Mein Papa geht immer ohne Hut!"
„Und mein Papa", trumpft da Lisa auf,
„geht sogar immer ohne Haare."

„Ich bin in Berlin geboren, aber in München zur Schule gegangen", erzählt Hugo seiner Schulkameradin. „Da hast du aber einen weiten Schulweg gehabt", staunt sie.

„Jetzt ist es schon 10 Uhr!", schimpft die Lehrerin, als Sabine die Klasse betritt.

„Du hättest doch schon um 8 Uhr hier sein sollen!"

„Wieso? War etwas Besonderes los?"

Die Lehrerin weiht ihre Schüler in die Erste Hilfe ein. Nach ihrem Vortrag fragt sie Tanja: „Was würdest du tun, wenn ein Mensch auf der Straße einen Hitzschlag erlitten hätte?" Eifrig antwortet Tanja: „Ich lege ihn in den Schatten und mache ihn kalt."

Fred kommt zu spät in den Unterricht. Der Lehrer sieht ihn fragend an. Fred stottert zu seiner Entschuldigung: „Mein Goldfisch hatte sich eine Flosse gebrochen, weil er über eine Wasserpflanze gestolpert ist. Ja, und dann musste ich ihn zum Arzt bringen!"

„Ich will Ihnen keine Angst machen, aber Papa hat gesagt, wenn ich dieses Mal kein besseres Zeugnis mit nach Hause bringe, dann kann sich jemand auf etwas gefasst machen!", sagt Bettina zur Lehrerin.

Der Lehrer erklärt etwas, da ruft es aus der letzten Reihe:
„Lauter, bitte!"
„Entschuldigung! Ich wusste nicht, dass jemand zuhört."

Der Kunstlehrer zeigt ein Gemälde und fragt die Schüler:
„Was wird hier dargestellt, ein Sonnenaufgang oder ein Sonnenuntergang?"
Darauf Lili:
„Ein Sonnenuntergang, kein Künstler steht so früh auf!"

Zwei Schüler unterhalten sich:
„Welches Thema hat ihr gerade in der Schule?"
„Das Kapital von Karl May."
„Aber das ist doch nicht von Karl May, sondern von Karl Marx!"
„Ach so, deshalb! Wir sind schon auf Seite 200 und ich habe noch nichts über Indianer gelesen."

Annabelle sagt in der Schule ein Gedicht auf:
„Ein Fischer saß am Elbestrand und hielt 'ne Angel in der Hand. Er möchte fangen einen Barsch, das Wasser ging ihm bis zum Knie." Der Lehrer meint: „Aber Annabelle, das reimt sich doch gar nicht." „Na", meint Annabelle, „dann warten Sie mal, bis die Flut kommt – dann reimt sich das schon!"

Zwei Abc-Schützen lernen sich in der Klasse kennen:
„Ich bin ein adoptiertes Kind!"
„Was ist denn das?"
„Ich wurde ausgesucht!"
„Und ich nicht?"
„Nein, dich mussten deine Eltern nehmen."

Herr Meier erinnert sich:
„Als ich ins Gymnasium
kam, war ich meinen
Klassenkameraden weit voraus."
„Ich weiß", bemerkt sein Sohn,
„die waren zehn und
du schon fünfzehn."

Lehrer: „Was bedeutet
das ‚Y' im Kennzeichen
der Bundeswehr?"
Meldet sich ein Schüler:
„Das Ende von
Germany!"

„Warum fehlt deine Schwester schon
seit einer Woche in der Schule?",
fragt die Lehrerin die Bauerstochter Silke.
„Sie kann nicht in die Schule kommen,
weil sie eine Wette gewonnen hat."
„Was denn für eine Wette?", fragt die
Lehrerin gereizt. „Wir haben gewettet,
wer sich am weitesten aus der Bodenluke
des Heuschobers herausbeugen kann.
Sie hat gewonnen."

Christine ist neu in der Klasse und die Lehrerin
überlegt: „Ich könnte wetten, dass ich dein
Gesicht schon irgendwoanders gesehen habe!"
„Das ist unmöglich", widerspricht das Mädchen.
„Ich trage mein Gesicht immer an der
selben Stelle."

Häää?

Ein zerstreuter Professor besteigt den Omnibus.
Ein höflicher Junge steht auf.
„Brav", lobt ihn der Professor. „Wie heißt du denn?"
„Florian, Papa!"

„Mein großer Bruder küsst mir immer,
wenn ich zu Bett gehe."
Lehrerin: „Mich, Lotte, mich!"
„Was, Frau Lehrerin, Ihnen auch?
Das hätte ich nicht gedacht!"

„Philip, dein Vater geht von Celle aus los in Richtung Hannover. Er legt in der Stunde durchschnittlich 4 km zurück. Dein Onkel geht zwei Stunden später von derselben Stelle los, legt aber in einer Stunde 5 km zurück. Wo treffen sich die beiden?"
„Bestimmt im nächsten Gasthaus, Herr Lehrer!"

Lehrer zu Karl:
„Du hast ja im Urlaub dicke Backen bekommen – war das Essen so gut?"
„Nein, aber ich musste immer die Luftmatratzen aufblasen!"

OOPS!

Erklärt der Lehrer seinen Schülern: „Und nun erzähle ich euch, wie die beiden ersten Menschen geschaffen wurden." Meldet sich der freche Frederik: „Herr Lehrer, das wissen wir doch schon lange. Erklären Sie uns lieber, wie der dritte Mensch geschaffen wurde!"

Der Lehrer stellt der Klasse die Frage: „Woher weiß man, dass die Erde rund ist?" Antwortet der schlaue Holger: „Weil wir uns die Absätze schief laufen!"

Die Lehrerin sagt zu Anna:
„Sing bitte die Note C!"
Anna singt. „Sehr gut",
lobt die Lehrerin,
„und nun G!"
Sagt Anna: „Au fein!
Dann also bis morgen!"

Die kleine Vivian betet:
„Lieber Gott, mach aus mir
ein kluges Mädchen, unser
Lehrer schafft es nicht!"

Die Lehrerin beginnt den Biologieunterricht sichtlich verlegen. „Wir wollen heute mit der Sexualkunde beginnen." Da meldet sich die zehnjährige Sandra: „Frau Lehrerin, dürfen die, die schon alles wissen, draußen schaukeln gehen?"

„Nennt mir doch einmal ein Beispiel, an dem man erkennen kann, dass sich bei Wärme die Dinge ausdehnen und bei Kälte wieder zusammenziehen." „Im Sommer sind die Tage länger und im Winter kürzer!"

„Fabian, du hast dich heute wieder nicht gewaschen. Man kann genau sehen, dass du zum Frühstück heute Morgen Pflaumenmus gegessen hast!" „Stimmt gar nicht, das Pflaumenmus stammt noch vom letzten Sonntag."

Die Schulrätin ist auf dem Weg zu einem Dorf, wo sie die Schule inspizieren will. Sie stoppt ihren Wagen am Dorfrand, um eine kleine Rast einzulegen, da es noch zu früh ist. Als sie nach einiger Zeit wieder losfahren will, springt der Motor nicht mehr an. Sie öffnet die Motorhaube, schaut und probiert, aber nichts rührt sich.

Ein Junge kommt vorbei, der neugierig die Handgriffe der Fahrerin beobachtet. Nach einiger Zeit meint er: „Reinigen Sie doch mal die Zündkerzen!" Die Schulrätin geht auf den Vorschlag ein und als sie danach auf den Anlasser drückt, läuft der Motor wieder. Sie atmet erfreut auf und wendet sich an den Buben: „Du bist wirklich ein pfiffiger Bursche! Vielen Dank für den Ratschlag. Aber sag mal, warum bist du um diese Zeit nicht in der Schule?" „Och, der Lehrer hat mich nach Hause geschickt, weil ich der Dümmste bin. Heute kommt die Schulrätin zu uns und da will er sich nicht mit mir blamieren!"

Der Lehrer erklärt den Kindern
die Mengenlehre und sagt:
„Ich mache jetzt drei Haufen
hier auf den Tisch!"
Lautes Gelächter in der Klasse.
„Was gibt es da zu lachen?", faucht der Lehrer.
„Wenn ihr jetzt nicht damit aufhört, setze ich noch
einen vor die Tür!"

● ◉ ○ ◇ ●

„Na, mein Junge, wie war's heute in der Schule?"
„Prima, Papa, der Lehrer hat gesagt, wenn alle
Jungen so wären wie ich, dann könnte
er die Schule zumachen."

„Weshalb hast du denn zwei
Tage gefehlt, Heiner?", fragt der
Dorfschullehrer.
„Gestern hat es bei uns gebrannt!"
„Und vorgestern? Wo warst du denn da?"
„Da mussten wir doch erst alles ausräumen."

Der Lehrer fragt:
„Was sind Mumien?"
Henri meldet sich:
„Eingemachte Könige."

„Mama, warum heißt der
Lehrer eigentlich Lehrer?"
„Nun, weil er euch Lesen
und Schreiben lehrt."
Nach kurzer Pause:
„Du, Mama, Papa sagt
doch, er schuftet den ganzen Tag für uns – ist er
dann ein Schuft?"

Florian hat den Lehrer geduzt und
muss nun 100-mal schreiben:
„Ich darf den Lehrer nicht duzen."
Er schreibt es aber 200-mal.
„Warum denn das?", fragt der Lehrer.
Florian: „Weil ich dir eine Freude machen wollte."

Im Kindergarten St. Annen
werden die Kleinen gefragt:
„Na, welche Heiligen kennt ihr denn?"
Die kleine Lisa: „Den heiligen Franz."
Dann meldet sich der kleine Ole:
„Den heiligen Strohsack!"

„Wer glaubt, dass er ein Dummkopf ist",
sagt der Lehrer zur Klasse, „der soll aufstehen."
Nach langem Schweigen steht der Klassenprimus
auf. „Du hältst dich für einen Dummkopf?",
fragt der Lehrer.
„Eigentlich nicht. Ich brachte es nur nicht
übers Herz, Sie als Einzigen stehen zu sehen."

Lehrer: „Wie kannst du nur Wurst
mit zwei ‚t' schreiben?"
Lennart: „Mit dem Kugelschreiber!"

„Klaus, wenn du eine Eins schreibst,
bekommst du fünf Euro von mir."
„Lass uns klein anfangen, Papa.
Gib mir 'nen Euro für jede Fünf!"

Sagt der Lehrer in der Chemiestunde: „Wenn ich
bei diesem Versuch nicht höllisch aufpasse, fliegen
wir alle in die Luft. Nun kommt ein wenig näher,
damit ihr mir besser folgen könnt!"

„Was willst du mal werden?",
fragt der Lehrer den Schüler.
„Lehrer und Maurer!"
„Warum zwei Berufe?"
„Als Lehrer habe ich im Sommer
frei und als Maurer im Winter!"

OH...

„Aber Marlene, du hast schon wieder eine Fünf in der Rechenarbeit. Wie ist das bloß möglich?"

„Mama, das kommt daher, weil ich so wenig Taschengeld bekomme. Sonst hätte ich viel mehr Übung im Rechnen."

Der Lehrer hält einen Vortrag über Dinosaurier. Er nennt zahlreiche Arten und wendet sich schließlich an Lara: „Na, kennst du auch ein Tier, das längst nicht mehr lebt?"

„Klar", sagt Lara, „unsern Wellensittich. Den hat vor einer Woche die Katze gefressen."

Der Lehrer:
„Welches ist das älteste
Musikinstrument?"
Steffi meldet sich:
„Die Ziehharmonika,
Herr Lehrer! Sie hat die meisten Falten!"

„Das ist ja sehr schön", lobt der Lehrer seine
Abc-Schützen. „Ihr könnt jetzt bis zehn zählen.
Weiß denn auch schon einer von euch, was nach
zehn kommt?" Meldet sich Oskar: „Mamas
Hausfreund!"

„Bei festlichen Anlässen wird unserem Bürger-
meister immer eine dicke Kette um den Hals
gelegt", erzählt der Lehrer vor der Klasse.
„Weshalb geschieht das wohl?" Meldet sich
vorne in der ersten Reihe Marius:
„Ist doch wohl klar! Damit er nicht abhaut!"

Der Lehrer:

„Nennt mir einen Satz mit ‚säen' und ‚Samen'!"

Tim: „Auf wiedersehen beisammen!"

Die Schüler sollen einen Aufsatz über Westfalen schreiben. Einer der Jungen schreibt:

„Die Westfalen sind sehr bekannt, weil sie blaue Augen, blonde Haare und vor allem sehr zarte Schinken haben."

Am letzten Schultag fragt die Mutter ihren Sohn: „Wo ist denn dein Zeugnis?"

„Das habe ich David geliehen, der will seinen Vater damit ordentlich erschrecken!"

„Wie heißt die Mehrzahl von Sandkorn?",
fragt der Lehrer. „Wüste ...!"

„Karl der Große", lehrt der Lehrer,
„hatte eine Reihe guter Eigenschaften –
leider zeigte sein Charakter aber auch einige
Schattenseiten. Wer kann mir eine nennen?"
Dieter meldet sich sofort und sagt:
„Er baute Schulen!"

Mia tritt nachts an das Bett ihres Vaters:
„Du, Papa, hör mal", rüttelt sie ihn wach.
„Du kannst doch so viel. Kannst du denn
auch im Dunkeln schreiben?"
„Hm, wenn's nicht so viel sein muss,
kann ich das schon."
„Es ist nicht viel. Du brauchst nur
mein Zeugnis zu unterschreiben!"

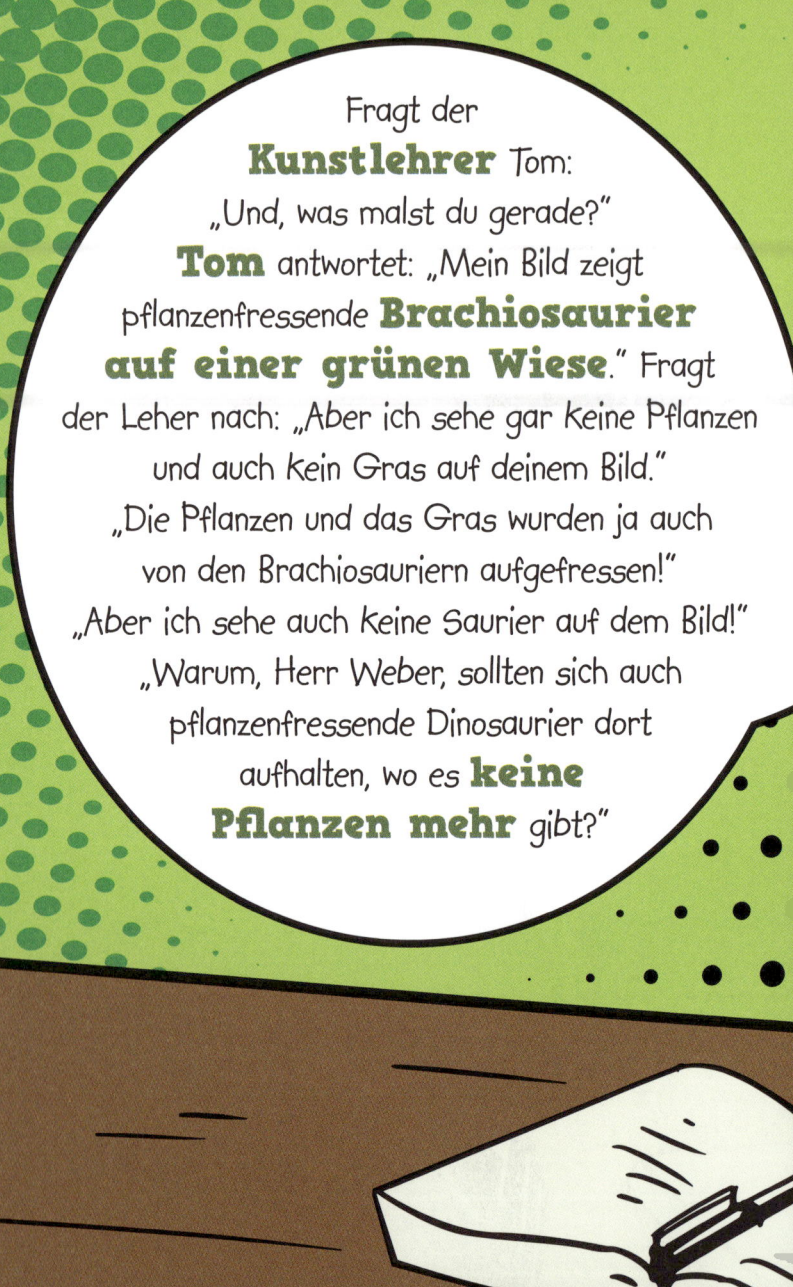

Fragt der
Kunstlehrer Tom:
„Und, was malst du gerade?"
Tom antwortet: „Mein Bild zeigt
pflanzenfressende **Brachiosaurier
auf einer grünen Wiese**." Fragt
der Leher nach: „Aber ich sehe gar keine Pflanzen
und auch kein Gras auf deinem Bild."
„Die Pflanzen und das Gras wurden ja auch
von den Brachiosauriern aufgefressen!"
„Aber ich sehe auch keine Saurier auf dem Bild!"
„Warum, Herr Weber, sollten sich auch
pflanzenfressende Dinosaurier dort
aufhalten, wo es **keine
Pflanzen mehr** gibt?"

„Benni, wenn du sagst: ‚Das Lernen macht mir Freude!', was für ein Fall ist das?" „Ein seltener, Herr Lehrer!"

In der Schule fiel das Wort „Gelübde". Der Lehrer fragt: „Weiß jemand von euch, was Gelübde bedeutet?" Thomas meldet sich: „Ich, Herr Lehrer – mein Bruder hat eine."

Lehrerfrage im Biologieunterricht:
„Wie nennt man die Wesen,
die sowohl im Wasser als auch
auf dem Land leben können?"
Steht Maggie auf und sagt:
„Matrosen!"

„Mama, wir haben heute fünf
Stunden Englisch gehabt!"
„Tröste dich, die Engländer haben
das den ganzen Tag!"

„Nun, Lukas, warum nannte ich dich eben einen kleinen Dummkopf?", fragt der Lehrer.
„Weil ich noch nicht so groß bin wie Sie, Herr Lehrer!", antwortet da Lukas ganz treuherzig.

„Denkt immer daran, Kinder, was der Mensch sät, soll er auch ernten. Wenn man Rosen sät, erntet man auch Rosen, wenn man Unfrieden sät, wird man auch Unfrieden ernten. Versteht ihr das?"
„Ja, sicher, aber wenn man Vogelsamen sät, erntet man dann Vögel?"

„Sieh mal an", sagt die Oma zu ihrem Enkel, „ihr rechnet in der Schule mit Brüchen?
Dann pass mal auf: Wenn ich eine Torte habe und schneide sie in zwölf Stücke und gebe dir eins, was ist das dann?" „Geizig!", sagt der kleine Enkel.

Der Lehrer erzählt seinen Schülern: „Da gab es damals einen Römer, der jeden Morgen vor dem Frühstück dreimal durch den Tiber schwamm. Stellt euch das mal vor! Ist das nicht toll, Elias?"

„Na ja", zögert Elias, „ich wundere mich nur, warum der nicht viermal geschwommen ist, damit er wenigstens an dem Ufer wieder ankam, an dem seine Sachen lagen!"

„Sag mal, Emil, wie füttern die Hühner ihre Küken?"
„Die werden gesäugt."
„Aber Junge, das können Hühner doch gar nicht."
„Wieso, haben Sie denn noch nie was von einer Hühnerbrust gehört?"

Im Geschichtsunterricht fragt der Lehrer:
„Was war das Bemerkenswerteste an Kolumbus?"
Erwidert Tim: „Dass er nach Amerika reiste,
ohne Englisch zu können."

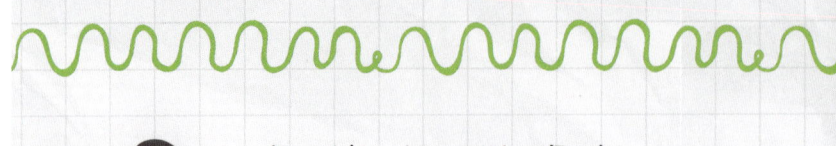

„Erzählt mir von den Eroberungen Karls des Großen", sagt der Studienrat in der Mädchenschule. Flüstert Ronja verlegen: „Aus dem Privatleben von Karl weiß ich leider nichts."

„Herr Lehrer, ich habe meine Hausaufgaben nicht gemacht, weil Sie gestern so schlecht aussahen. Ich dachte, Sie kriegen die Grippe."

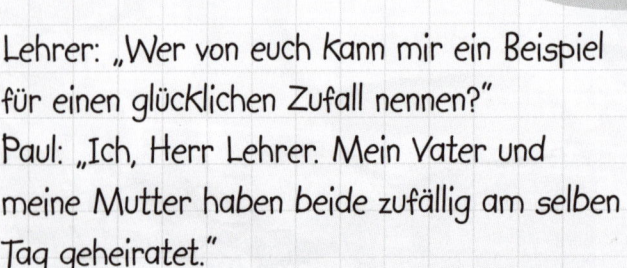

Lehrer: „Wer von euch kann mir ein Beispiel für einen glücklichen Zufall nennen?"
Paul: „Ich, Herr Lehrer. Mein Vater und meine Mutter haben beide zufällig am selben Tag geheiratet."

„Wir sollten jeden Tag einem anderen Menschen eine Freude bereiten", erklärt der Lehrer.
„Nun, Klaus, hast du gestern jemanden glücklich gemacht?"
„Ja, meine Tante, Herr Lehrer."
„Und wieso?"
„Sie war glücklich, als ich wieder nach Hause ging!"

Der Schularzt zur Mutter:
„Sie müssen ihr Kind regelmäßig waschen!"
„Aber Herr Doktor, ich achte jeden Tag darauf", antwortet sie. Darauf nimmt der Arzt einen in Alkohol getränkten Wattebausch, reibt am Hals des Jungen und hält ihn der Mutter wortlos entgegen. „Naja", meint diese empört, „ihn chemisch reinigen zu lassen, dazu fehlt mir das Geld!"

ENTE GUT, ALLES GUT!

LIEBE ENNA, ZU DEINEM GEBURTSTAG WÜNSCHE ICH DIR ALLES GUTE! EIN FREUND

DAS MUSS ICH NACHLESEN.

SEHR SELTENE, EXOTISCHE PFLANZE ... SEHR ANSPRUCHSVOLL ... ERNÄHRT SICH VOR ALLEM VON WASSERVÖGELN, WIE ZUM BEISPIEL ...

MERKWÜRDIG, ICH HABE DOCH ERST IM MAI GEBURTSTAG!

OH, EINE PFLANZE. DIE SIEHT ABER KOMISCH AUS. WIE ICH SIE WOHL PFLEGEN MUSS?

... ENTEN?

ENTE GUT, ALLES GUT!

ISST ENTEN? NIEMALS!

HAAAPPSSS!

OH ...
ES IST MAL WIEDER FÜTTERUNGSZEIT.

DING! DONG!

ENNO

ENTI

ENNA

ABER WENN ICH ES DIR DOCH SAGE! ICH HABE MICH GERADE NOCH SO RETTEN KÖNNEN!

JETZT STELL DICH NICHT SO AN! VEGETARIER LEBEN LÄNGER!

Dennis rast mit seinem Fahrrad über den Schulhof. „Halt", ruft ihm ein Lehrer entgegen, „kein Licht, keine Klingel!"

„Aus dem Weg", ruft Dennis, „keine Bremse!"

„Soll ich dir bei deinen Hausaufgaben helfen?", fragt der Vater seinen Sohn.

„Nein danke, ich will in der Schule nicht noch mehr Ärger bekommen, als ich schon habe."

Oliver war zwei Tage nicht in der Schule. Am dritten Tag bringt er die Entschuldigung für seine Lehrerin: „Hiermit entschuldige ich das Fehlen meines Sohnes in der Schule. Er war sehr krank. Hochachtungsvoll, meine Mutter."

„Was ist Dampf?", fragt die Lehrerin.
„Das ist Wasser, das sich vor der Hitze aus dem
Staub macht!", meldet sich Natalie.

„Papa, was ist denn ein Ferkel?" „Oh, es ist das
Kind von einem Schwein. Warum fragst du?"
„Der Lehrer hat mich heute Ferkel genannt."

Martin: „Papa, morgen findet
in der Schule nur eine kleine
Elternversammlung statt."
Vater: „Was heißt denn eine
kleine Elternversammlung?"
„Nur du und der Direktor."

Der Lehrer erklärt die Verkleinerungsformen
und gibt ein Beispiel: „Brot – Brötchen.
So, und nun nenne du mir ein Beispiel, Paula."
Paula: „Kitt – Kittchen!"

In einer bayerischen Schule
wird Bruchrechnen geübt.
Lehrer: „Franz, was machen
sieben Halbe?"
„Einen Mordsrausch,
Herr Lehrer ... !"

Der Lehrer versucht, die Wasserverdrängung
an einem anschaulichen Beispiel zu erklären.
„Max, stell dir vor, dein Vater hat die Badewanne
bis an den Rand mit Wasser gefüllt. Was
geschieht, wenn er in die Wanne steigt?"
„Dann klingelt bestimmt das Telefon,
Herr Lehrer!"

„Ich wiederhole", sagt
der Lehrer, „ein Anonymer
ist ein Mensch, der unerkannt
bleiben will. Wer lacht da?"
Stimme aus der Klasse:
„Ein Anonymer!"

„Wer kann mir eine Flüssigkeit nennen, die bei Kälte nicht gefriert?", fragt die Lehrerin im Unterricht. „Warmes Wasser!", ruft Klara.

„Wie viele Gebote gibt es?", fragt der Lehrer. „Zehn, Herr Lehrer", antwortet Elena. „Und wenn du eins davon brichst?"
„Dann gibt es nur noch neun."

In der Sportstunde liegen alle Schüler auf dem Rücken und strampeln mit den Beinen, als würden sie Fahrrad fahren.
„Florian, warum hängen deine Beine so schlaff in der Luft?", will Frau Helm wissen.
„Die sind nicht schlaff", entgegnet Florian, „ich fahre nur gerade im Leerlauf den Berg runter!"

Der Geschichtslehrer fragt Uwe,
der einige Zeit krank war:
„Wie lange hast du gefehlt?"
„Seit dem Dreißigjährigen Krieg!"

Teresa kommt nach dem ersten Schultag
nach Hause. „Nun", will die Mutter wissen,
„ist alles gut gegangen?"
„Ich glaube nicht", meint die Tochter.
„Ich muss morgen noch mal hin."

„Jan, was versteht man unter Kalifen?"
„Die Einwohner von Kalifornien,
Herr Lehrer!"

Ohhhh

Der Lehrer fragt:
„Was verstehst du unter
einem Viadukt, Vincent?"
„Wenn gerade ein Zug
darüber fährt, kein Wort!"

Frau Müller-Worms ruft den
Lehrer ihres Sohnes an:
„Sie sollten Florian keine
Rechenaufgabe mehr stellen,
in der die Flasche Bier dreißig
Cent kostet. Sein Vater konnte
vor Aufregung die
ganze Nacht nicht schlafen!"

„Kannst du schon schwimmen, Jens?"

„Ja, Herr Lehrer."

„Wo hast du es gelernt?"

„Im Wasser."

Lehrer: „Alle Achtung, Jörg! Das war aber tapfer und kameradschaftlich, dass du deinen Mitschüler Georg aus dem Weiher gezogen hast, als er beim Schlittschuhlaufen auf dem Eise eingebrochen ist."

Jörg: „Herr Lehrer, der hat ja auch meine Schlittschuhe angehabt."

Treffen sich zwei Schüler. Sagt der eine zum anderen: „Hast du schon etwas von der neuen Rechtschreibung gehört?"

Sagt der andere: „Nein, ich bin Linkshänder!"

ENTE GUT, ALLES GUT!

UND DENKT DRAN: NACHDEM IHR GESPRUNGEN SEID, ZÄHLT BIS 10 UND ZIEHT DANN DIE REISS-LEINE!

SIND SIE SICHER, DASS ICH JETZT DRAN BIN?

ZEHN ... ZEHN!!! WAS IST DENN LOS?

HIILFE !!!!

ENNO

ENTI

ENNA

ABER SICHER!

WOW !!!!

BUMS!

DRRRR!

Julian berichtet seinem Vater:

„Heute haben wir in Naturkunde von dem Alter der Bäume gesprochen. Weißt du übrigens, dass es in Amerika tausend Jahre alte Bäume gibt?"

„Da kann man mal wieder sehen, was euch für ein Unsinn beigebracht wird!", braust der Vater auf.

„Jeder gebildete Mensch weiß, dass Amerika erst vor vierhundert Jahren entdeckt wurde! Wie kann es da tausendjährige Bäume geben!"

Der Lehrer hat in Sarahs Heft geschrieben:
„Sarah ist eine Schwätzerin!"
Der Vater soll es
unterschreiben.
Am nächsten Tag liest
der Lehrer:
„Da müssten Sie erst
mal Sarahs Mutter hören!"

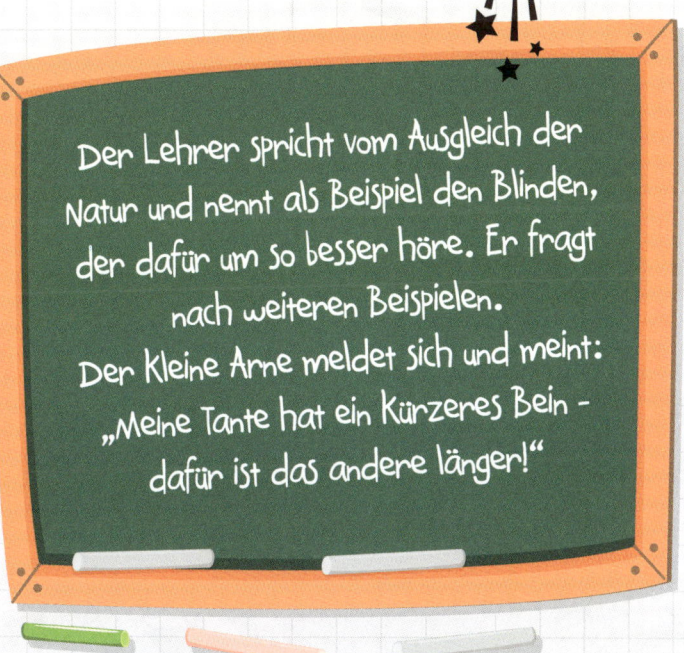

Der Lehrer spricht vom Ausgleich der
Natur und nennt als Beispiel den Blinden,
der dafür um so besser höre. Er fragt
nach weiteren Beispielen.
Der kleine Arne meldet sich und meint:
„Meine Tante hat ein kürzeres Bein –
dafür ist das andere länger!"

TIER-Witze

Eine Katze und eine Maus kommen in eine Bäckerei. „Ich möchte bitte ein Stück Pflaumenkuchen mit Sahne", sagt die Maus. „Und Sie?", fragt die Verkäuferin die Katze. „Ich möchte nur einen Klecks Sahne auf die Maus."

Ein Zebra und ein Löwe besuchen ein Restaurant.
Der Ober fragt das Zebra: „Was darf es sein?"
„Ich hätte gern Rheinischen Sauerbraten mit
Kartoffelklößen", sagt das Zebra.
„Sehr wohl." Der Ober notiert und wendet sich an
den Löwen: „Und was darf ich Ihnen bringen?"
„Nichts, danke!"
„Nichts? Aber Verzeihung, wovon wollen Sie denn
satt werden?"
„Ich esse nachher das Zebra!"

Auf der Straße steht ein Pferd. Hinter ihm
lärmt eine Schar von Spatzen, die auf seinen
Pferdeäpfeln sitzen. Da dreht sich das Pferd
um und ruft:
„He, ihr da, wenn ihr nicht sofort still seid,
bleibt mein Feinkostladen heute geschlossen."

In der Imbissstube liegt ein gekochtes
Ei neben einem Brathähnchen. Sagt das Ei:
„Du hast dich aber verändert, Papa!"

Hannes erzählt von seiner Reise durch die Wüste:
„Plötzlich war ein Löwe hinter mir her. Ich,
geistesgegenwärtig, auf den nächsten Baum!"
Erik unterbricht ihn: „Aber Hannes, in der Wüste
gibt es doch gar keinen Baum!" Darauf Hannes:
„Menschenskind, das war mir in dem Moment
doch völlig egal!"

Ein Pferd und ein Elefant sitzen im Kino.
Der Elefant knackt Nüsse. Sagt das Pferd:
„Müssen Sie das unbedingt während der
Vorstellung machen?"
„Was geht Sie das an? Dürfen Pferde
überhaupt ins Kino?"

Max kommt als Stellensuchender zum
Arbeitsamt. „Was sind Sie denn von Beruf?",
will der Sachbearbeiter wissen. „Großwildjäger",
gibt Max an. „Großwildjäger? Ja, wo denn?"
„Na, hier in Würzburg." „Aber da gibt es doch
gar kein Großwild."
„Deswegen komme
ich ja auch zum
Arbeitsamt",
erklärt Max.

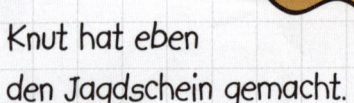

Knut hat eben
den Jagdschein gemacht.
Aber schon bei der ersten Treibjagd schießt er
einen Treiber an und muss sich deswegen vor
Gericht verantworten. „Aber immerhin möchte
ich zu meiner Verteidigung anführen", erklärt
er dem Richter, „dass der getroffene Treiber
‚Fuchs' heißt."

Zwei Spatzen haben einen Pferde-
apfel gefunden und machen nun
Brotzeit. „Du, ich weiß einen ganz
tollen Witz", sagt der eine Spatz.
„Soll ich ihn erzählen?"
„Ja", piepst der andere,
„aber bitte keinen unappetitlichen,
jetzt beim Essen!"

Ein Pferd sitzt im
Omnibus. „Ein Pferd im Omnibus habe
ich ja noch nie gesehen", wundert sich der
Schaffner. „Sie müssen entschuldigen",
sagt das Pferd, „aber mein Auto ist zur
Reparatur."

Ein Hengst erzählt seinem Stallgefährten,
dass er beim Psychiater war.
„Was hast du dafür bezahlt?"
„600 Euro."
„Was, so viel?"
„Die Behandlung hat nur 100 Euro gekostet. Aber
500 Euro hat er für eine neue Couch verlangt."

Herr Schulte wird von seinem Nachbarn gefragt,
ob sein Hund einen Stammbaum hat. „Nein",
erwidert er, „mein Flocki macht zwischen Bäumen,
Häuserecken und Straßenlaternen keinen Unterschied!"

Vincent fragt seinen Freund Elias:
„Weißt du, wie lange Fische leben?"
„Ist doch klar, genauso wie kurze."

Ein neuer Tiger wird in den Zoo gebracht.
Fragt ihn ein Tiger, der schon länger hier lebt:
„Du kommst aus Saudi-Arabien, stimmt's?"
„So ist es, aber woher weißt du das?"
„Du stinkst so schrecklich nach Öl!"

Ein Zebra trifft bei seiner Wanderung durch den
afrikanischen Busch eine Viehherde. Da es ein
wohlerzogenes Zebra ist, grüßt es höflichst und
beginnt mit den Kühen eine Unterhaltung. Plötzlich
kommt der Stier herangebraust, stößt das Zebra
unsanft zur Seite und sagt vorwurfsvoll:
„Wie können Sie es wagen, vor meinen Damen
im Pyjama zu erscheinen?"

Zwei Riesenschlangen ringen in der Wüste auf Leben
und Tod. Plötzlich zischt die eine: „Du Mistkerl,
wer hat dir denn den Seemannsknoten beigebracht?"

81

Ein Ehepaar besucht den Zoo. „Denk dir nur, Dieter", sagt sie vor dem Nilpferdbecken, „hier steht, dass ein Nilpferd bis zu fünf Minuten unter Wasser bleiben kann. Ist das nicht enorm?!" „Ach, ich weiß nicht", meint er, „wenn ich so ein Gesicht hätte, würde ich noch viel länger unter Wasser bleiben!"

Müllers Hund klaut im Metzgerladen eine Wurst und rennt davon. Schreit der Metzger empört: „Pfeifen Sie gefälligst Ihren Hund zurück."
„Wie komme ich dazu?", erwidert Müller gelassen.
„Pfeifen Sie doch Ihrer Wurst!"

Ein Bernhardiner kommt zum Tierarzt.
„Ich habe Schmerzen in der rechten Seite", klagt
er. Der Tierarzt untersucht ihn und sagt dann:
„Typischer Fall von Fettleber! Sie dürfen ab sofort
keinen Alkohol mehr trinken."
Jammert der Bernhardiner:
„Was soll ich machen? Ich muss doch immer
mit der Kundschaft anstoßen!"

Zwei Mücken treffen
sich vor dem Finanzamt.
Die eine kommt gerade
herausgeflogen, die andere
will hinein. Meint die, die

herauskommt,
zu der, die hinein will:
„Zwecklos, die saugen
selbst!"

ENTE GUT, ALLES GUT!

ICH HABE NOCH SO VIEL ZU TUN!

PUUUHH! GESCHAFFT! ALLES IST FERTIG!

HALLO? NIEMAND DA??

SOLL DAS EIN WITZIG SEIN? ES IST WEIHNACH-TEN UND NICHT DER 1. APRIL!

ENTI · ENNO · ENNA

NOCH EINE PRISE SALZ, DANN SOLLTE ES GUT SEIN.

MEINE GÄSTE SIND SICHERLICH GLEICH DA!

DANN MÜSSEN WIR WEIHNACHTEN WOHL DOCH MIT UNSEREN FAMILIEN VERBRINGEN ...

CHRRRR! SCHNARCH!

„Nylon, Polyester ...", jammert die Motte im Kleiderschrank. „Ach, ich habe die Künstliche Ernährung satt!"

Zwei Motten begegnen sich nach einem langen Winter. Die eine ist drall und fett, die andere ist ziemlich abgemagert. „Du siehst aber schlecht aus", sagt die fette Motte. „Wo hast du denn überwintert?"

„In einem Tweedjackett."

„Hm, Tweed ist doch ein herrlicher Stoff, wieso bist du da nicht satt geworden?"

„Ja, weißt du, ich vertrage die englische Küche so schlecht!"

„Ich kann fliegen", rief der Wurm, als er mit dem Apfel vom Baum fiel.

Zwei Vögel sitzen auf einem Baum. Die Vogeldame heult furchtbar und ist ganz verzweifelt. Schimpft der Vogelmann: „Verdammt noch mal, so glaube mir doch endlich. Ich bin nicht verheiratet! Der Ring ist von der Vogelwarte!"

Zwei Igel treffen sich. Einer hat die Pfote verbunden. „Was ist passiert?" „Ich habe mich gekratzt!"

Ein Pferd betritt eine Bar und verlangt einen Whisky. Ein fassungsloser Gast fragt den Barkeeper: „Sagen Sie mal, traue ich meinen Ohren? Der Gaul hat einen Whisky verlangt?" „Stimmt", stottert der Barkeeper, „das habe ich auch noch nicht erlebt. Sonst will er immer ein kleines Bier!"

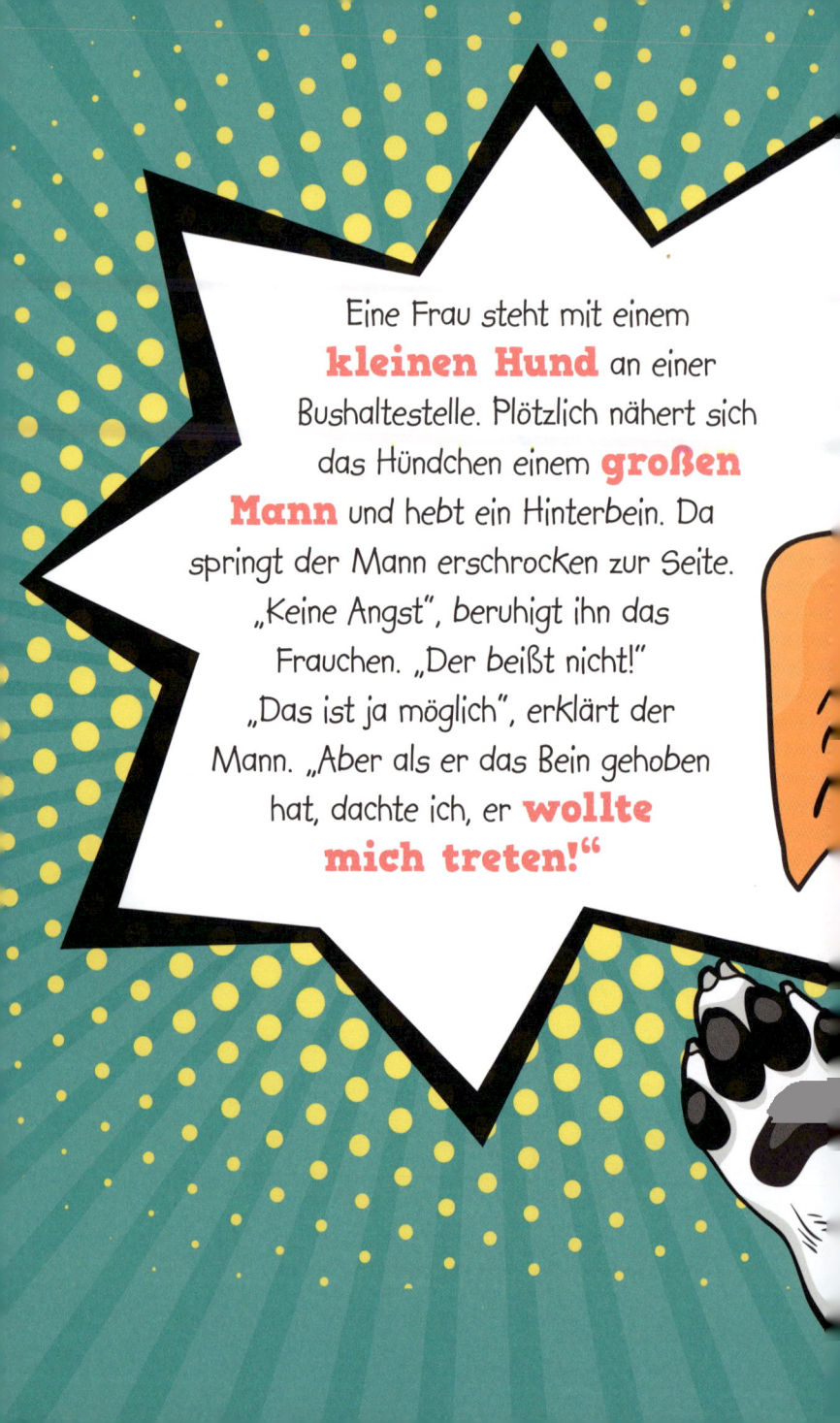

Eine Frau steht mit einem **kleinen Hund** an einer Bushaltestelle. Plötzlich nähert sich das Hündchen einem **großen Mann** und hebt ein Hinterbein. Da springt der Mann erschrocken zur Seite. „Keine Angst", beruhigt ihn das Frauchen. „Der beißt nicht!" „Das ist ja möglich", erklärt der Mann. „Aber als er das Bein gehoben hat, dachte ich, er **wollte mich treten!**"

Ruft das Spinnenweibchen dem Männchen zu:
„Du, ich gehe jetzt einkaufen!" Antwortet das
Spinnenmännchen: „Ist gut, aber nimm das Netz
mit, Plastiktüten sind zu teuer!"

„Was – du hast auf dem
Bauernhof nichts als einen
alten Zylinderhut gestohlen?",
schimpft die Füchsin mit
ihrem Mann.
„Ha, warte nur ab", sagt der
Fuchs, „ich hab mal gesehen, wie ein Mann
reihenweise Kaninchen da rausgeholt hat!"

Im Urwald fand ein Konzert statt. Danach kommt
der junge Elefant traurig nach Hause. „Wie hast
du gespielt?", fragt seine Mutter. „Überhaupt
nicht, alle Stücke waren ohne Trompete!"

Zwei Hennen stehen mit ihren Küken vor dem
Haushaltswarengeschäft. Die eine entdeckt viele
bunte Eierbecher und meint: „Du, sieh doch mal,
was für schicke Laufställchen die hier haben!"

Es regnet und regnet.
Tropfnass stehen zwei
Kühe auf der Weide.
Sagt die eine zur anderen:
„Ich möchte bloß wissen,
wer heute da oben wieder
die Wolken gemolken hat!"

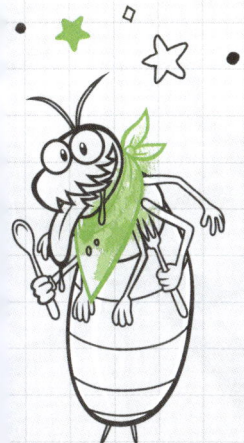

Der Holzwurm sagt freudestrahlend
zu seiner Familie: „Ich lad euch ein!
Heute gehen wir chinesisch essen.
Im Antiquitätenladen an der Ecke
sind neue Möbel aus Hongkong
eingetroffen!"

„Was kriegst du, wenn du eine Motte
mit einem Elefanten kreuzt?"
„Riesige Löcher im Pullover!"

Herr Müller wirft ein Stückchen Holz auf den See
hinaus. Sein Hund springt hoch und läuft über die
Wasseroberfläche dem Holz nach. „Phantastisch",
schwärmt Herr Schulze. „Ihr Hund läuft ja übers
Wasser."
„Was soll er denn sonst machen?", fragt Herr
Müller trocken. „Er kann nicht schwimmen."

Der Tausendfüßler sagt verärgert zu seiner
Frau: „Seitdem es diese Strumpfhosen gibt,
kommen wir nie mehr pünktlich ins Theater!"

Eine Henne sieht in der Küche einen gerupften Hahn liegen. „Dreh dich nicht um", sagt sie zu ihrer Tochter, „dort liegt ein nackter Mann."

Zwei Spiegeleier unterhalten sich in der Pfanne. Meint das eine: „Ich weiß nicht, aber irgendwie fühle ich mich wie zerschlagen …"

Drei Schildkröten sitzen im Wohnzimmer und spielen Skat. Im Laufe des Abends gehen die Chips aus. Sagt die eine Schildkröte zur anderen: „Hol uns doch mal Chips!" Diese steht auf und geht. Eine Stunde vergeht, zwei … drei … Nach fünf Stunden geht die Tür auf und die Schildkröte fragt: „Mit Salz oder mit Paprika?"

„Mein Hund ist unglaublich faul", klagt Herr Schneider. „Andere Hunde kommen mit der Leine im Maul an, wenn sie raus wollen – meiner kommt mit den Autoschlüsseln!"

Ein kleiner Dackel steht an der Rennbahn und schaut verträumt einem Jockey mit extremen O-Beinen nach. „Wuff", meint er entzückt, „es gibt doch tatsächlich noch schöne Menschen."

„Warum hat der Löwe eigentlich so einen großen Kopf?"
„Das ist doch klar: Damit er ihn nicht durch das Gitter stecken kann!"

„Ich frühstücke jeden Tag mit meinem Kanarienvogel", erzählt Herr Weber seinem Nachbarn. „Und was nehmt ihr zu euch?"
„Erst er ein Körnchen, dann ich ein Körnchen, er wieder ein Körnchen, ich ein Körnchen – bis wir schließlich beide zu singen anfangen."

Zwei Forscher treffen im afrikanischen Busch auf zwei Elefanten, die sich mit gesenktem Kopf Stirn an Stirn regungslos gegenüberstehen.

„Schau mal", sagt da der eine, „die zwei spielen Buchstützen!"

„Das ist doch wirklich allerhand! Ihr Dackel hat mich eben in die Wade gebissen!"

„Ja, was haben Sie denn erwartet? Glauben Sie, dass solch ein kurzbeiniges Tier Sie ins Genick beißt?"

Der kleine Lachs schmiegt sich ängstlich an seine Mutter, als im Meer ein U-Boot vorbeikommt.

„Du brauchst keine Angst zu haben", tröstet ihn die Mutter, „das sind nur Menschen in Dosen."

„Was ist denn mit Ihrem Kater los?", fragt ein
Gartenbesitzer seinen Nachbarn.
„Der flitzt ja wie ein Irrer durch sämtliche Gärten."
„Nun ja", sagt der Nachbar, „ich habe ihn gestern
kastrieren lassen, nun sagt er alle Rendezvous ab."

„Papa, wo sind eigentlich die
vielen Mücken im Winter?"
„Keine Ahnung, mein Sohn -
aber ich wünschte, da wären
sie auch im Sommer!"

Beim Zoobesuch fragt Frieda ihren Bruder:
„Wie werden denn die Elefanten für den Zoo
hergebracht?"
Der antwortet: „Ist doch klar! Im Jumbo-Jet!"

Eine Dame kauft einen Trinknapf für ihren
Hund. Der Verkäufer fragt, ob sie eine Aufschrift
darauf haben möchte. „Nicht nötig", sagt sie,
„mein Mann trinkt kein Wasser und mein Hund
kann nicht lesen!"

Ein Hundehalter zum anderen:

„Ich schwöre dir, mein Dackel kann sogar lügen."

„Hör auf, das gibt es nicht."

„Na schön: Waldilein, wie macht die Katze?"

„Wau, wau!"

Karl bringt aus dem Urlaub einen Papagei mit und soll ihn verzollen. Der Zöllner sieht im Buch nach und liest laut die Eintragung:

„Papagei lebendig 100 Euro, ausgestopft zollfrei."

Da krächzt der Vogel:

„Karl, mach bloß keinen Mist!"

Herr Meier möchte einen sprechenden Vogel kaufen.

„Papageien und Wellensittiche sind ausverkauft, aber einen Specht kann ich Ihnen anbieten."

„Spricht er denn?"

„Nicht direkt, aber er beherrscht das Morse-Alphabet!"

Ein Hund trifft einen anderen. Der kommt schwer beladen mit Einkaufstaschen daher. „Mein Gott, was schleppst du denn da alles?"

Der andere kläfft zurück: „Es begann damit, dass ich ab und zu die Zeitung holte ..."

Zwei Hundebesitzer unterhalten sich.
Der eine prahlt: „Mein Fiffi kann inzwischen schon die Zeitung lesen."
„Weiß ich", meint der andere, „mein Struppi hat es mir schon erzählt."

„Unsere Katze hat den ersten Preis bei der Vogelausstellung bekommen."
„Das glaub ich nicht! Wie kann eine Katze bei einer Vogelausstellung den ersten Preis bekommen?"
„Ganz einfach: Die Käfigtür stand offen."

„Ich wollte meinen Dackel so erziehen,
dass er bellt, wenn er sein Futter will",
erzählt Egon.
„Na und? Bellt er?"
„Nein, aber er frisst nicht mehr,
wenn ich nicht belle!"

Der Wärter rennt aufgeregt zum Zirkusdirektor:
„Herr Direktor, unser Löwe kann plötzlich
sprechen!"
„Das ist ja wunderbar! Seit drei Stunden
suche ich schon unseren Dompteur."

„Ich werde meinen Dackel auf eine Hundeaus-
stellung schicken!", brüstet sich Herr Becker
stolz vor seiner Nachbarin. Entgegnet diese spitz:
„Das ist eine gute Idee. Dann sieht das Tier
endlich mal, wie ein richtiger Dackel eigentlich
aussieht!"

In einem Restaurant beschwert sich ein Gast beim Kellner: „Ihr Hund starrt dauernd auf mein Essen."
Antwortet der Kellner. „Kein Wunder, Sie haben ja auch seinen Teller."

Als ein Schwein eine Steckdose sieht, fragt es: „He, wer hat dich denn da eingemauert?"

Im Zoogeschäft tritt ein Kunde an den Papageienkäfig und fragt: „Na, kannst du denn auch sprechen?"
„Natürlich", antwortet der Papagei.
„Und du? Kannst du fliegen?"

Kritisch betrachtet der Affen-Papa im Zoo das neugeborene Äffchen. „Nun sei doch nicht so niedergeschlagen", sagt die Affen-Mama.
„Alle Neugeborenen sehen zunächst aus wie Menschen."

Die kleine Krake wütend zu ihrer Mutter: „Ich möchte jetzt endlich mal wissen, was meine Arme und was meine Beine sind!"

Zwei Frösche sitzen auf einem Seerosenblatt. „Warum bist du denn so traurig?", fragt der eine. „Ach, denk dir nur, zu meiner Frau ist der Klapperstorch gekommen!"

Herr Huber ist im Zoo und sieht einen Tierpfleger weinen. Er fragt einen anderen: „Warum weint denn Ihr Kollege so?"
„Nun, unser Elefant ist gestorben."
„Ach, hatte er das Tier denn so lieb?"
„Das nicht, aber er muss das Grab schaufeln."

Eine Krokodilmutter steht mit ihrem Ältesten vor einem Lederwarengeschäft und sagt: „Jetzt bist du in dem Alter, wo du an deine Zukunft denken musst. Was willst du eines Tages werden – Schreibmappe oder Handtasche?"

„Ich habe einen fabelhaften Hund!", prahlt der Gastgeber. „Wenn ich ihm fünf Euro gebe, holt er mir sofort Zigaretten aus dem Automaten."

Darauf einer der Besucher: „Sie Angeber! Ich habe dem Hund vorhin zehn Euro gegeben, und weder Hund noch Zigaretten sind da."

„Tja, mit zehn Euro geht er ins Kino!"

Zwei Fliegen krabbeln über einen Globus. Als sie sich zum vierten Mal treffen, sagt die eine: „Da siehst du mal wieder, wie klein die Welt ist!"

Ein schwarzer Pudel verfolgt zwei Hasen. Als er schon völlig abgehetzt ist, trifft er einen weißen Pudel und bittet ihn hastig, ihn abzulösen. Der tut es auch. In diesem Augenblick dreht sich der eine Hase um: „Du, jetzt müssen wir uns aber beeilen", sagt er zu dem anderen. „Der hat schon seinen Pullover ausgezogen!"

Auf einem Spaziergang entdeckt ein Igel einen Autoreifen, der platt ist. „Endlich hat auch mal einer von uns gesiegt!", freut er sich.

Die Schneckenmutter fragt ihren Sohn:
„Sag, Liebling, was erhoffst du dir denn vom Leben?"
Der Schneckensohn bekommt glänzende Augen:
„Einmal in meinem Leben möchte ich in eine
Radarfalle der Polizei geraten und wegen über-
höhter Geschwindigkeit verknackt werden!"

Ganz aufgeregt kommt die kleine Gerda in das
Zimmer gehüpft. „Mama, unser Waldi kann ein
neues Kunststück!" „Ja", meint die Mutter, „Waldi
ist ein kluges Tier. Was macht er denn jetzt?"
„Er steht auf drei Beinen und hält sich mit dem
vierten am Klavier fest."

Zwei kleine Fische treffen sich im Ozean.
Sagt der eine fröhlich: „Heil!" Antwortet
der andere erschrocken: „Wo?"

Ein Landwirt hat seinen Kühen das Radfahren beigebracht. Mitten im Rennen bleibt eine Kuh auf der Strecke. Schimpft der Bauer: „Dumme Kuh!" Muht sie: „Bleib du mal mit dem Euter in den Speichen hängen!"

Bei einer Katzenausstellung fragt ein Besucher den stolzen Besitzer:
„Was sind das für Katzen?"
„Siamesen."
„Donnerwetter, tadellos getrennt!"

YEAH

„Das ist ja heller Wahnsinn", sagte der Glühwürmchen-Vater, als sich sein Sohn in eine Hundertwattbirne verliebte.

„Verdammt", sagte die Giftschlange,
als sie sich in die Lippe biss.

Ein Pferd zieht einen Wagen. Mitten auf der
Straße liegt ein Hund.
„Weg da, alter Köter!", schnaubt das Pferd.
„Na, erlaube mal", entgegnet der Hund.
„Wie redest du denn mit einem Steuerzahler?"

Zwei Eisbären wandern durch die Wüste.
Da sagt der eine: „Hier muss es aber glatt sein."
„Warum?", fragt der andere
verwundert. „Hast du denn nicht
gemerkt, wie die hier gestreut
haben?"

„Ich habe heute Morgen vier tote Fliegen gefunden – zwei männliche und zwei weibliche."

„Und woher wissen Sie, dass es männliche oder weibliche Fliegen waren?"

„Na, zwei klebten am Schnapsglas und zwei am Spiegel!"

Eine Frau hat ihren Hund im Eisenbahnabteil auf einen Sitz gesetzt. Auf die Beschwerde des Schaffners erklärt sie: „Ich habe für ihn eine Fahrkarte bezahlt. Er hat genauso ein Recht auf einen Platz wie jeder andere Fahrgast."

„Selbstverständlich", entgegnet der Schaffner. „Und es ist ihm wie jedem anderen Fahrgast untersagt, die Füße auf den Sitz zu legen!"

Auf der Landstraße fragt das Schneckenkind die Mutter: „Wollen wir hier über die Straße gehen?" „Nicht möglich", erwidert diese. „In vier Stunden kommt der Linienbus vorbei!"

Zwei Terrier gehen ins Theater. Es gibt „Hamlet". Kurz vor der Totengräberszene raunt der eine Terrier dem anderen zu: „Jetzt musst du aufpassen! Gleich kommt diese wunderbare Szene, wo der Mann mit dem herrlichen Knochen ganz nach vorn tritt!"

Ein kleiner Igel verirrt sich nachts in einer Gärtnerei. Er hat furchtbare Angst. Immer, wenn er gegen einen Kaktus stößt, fragt er leise: „Bist du es, Mami?"

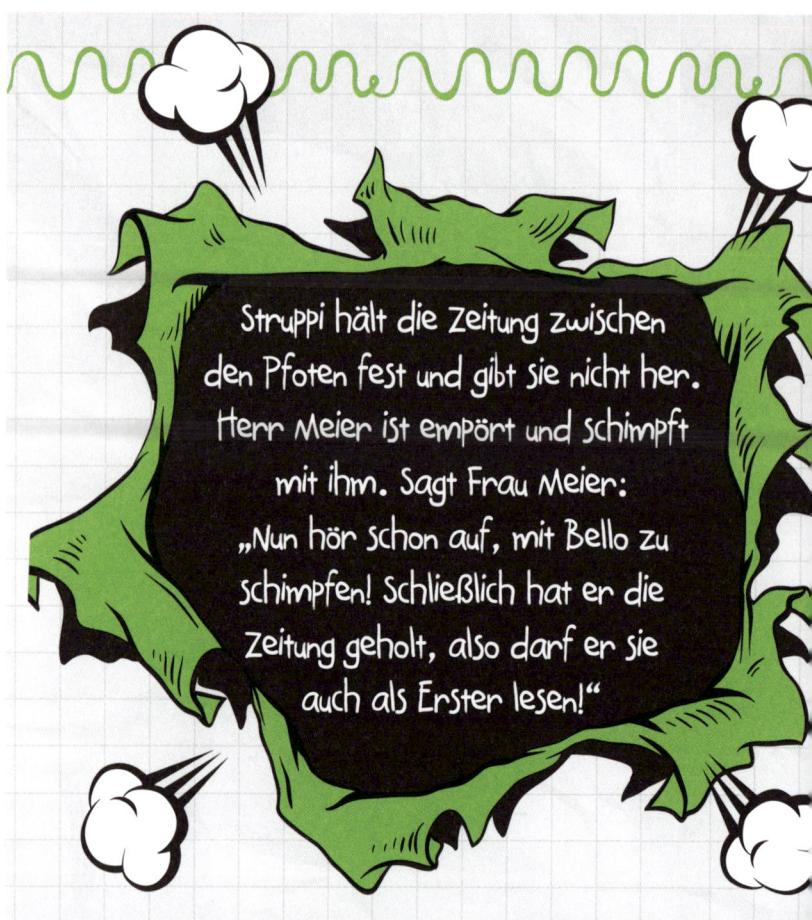

Struppi hält die Zeitung zwischen den Pfoten fest und gibt sie nicht her. Herr Meier ist empört und schimpft mit ihm. Sagt Frau Meier: „Nun hör schon auf, mit Bello zu schimpfen! Schließlich hat er die Zeitung geholt, also darf er sie auch als Erster lesen!"

Ein Mann kommt mit einem großen Hund zum Tierarzt. „Herr Doktor, helfen Sie mir bitte! Mein Hund jagt immer die Kleinwagen." „Aber, aber", besänftigt ihn der Tierarzt, „das ist doch ganz natürlich! Fast alle Hunde jagen hinter Autos her." „Ja, aber meiner fängt sie und vergräbt sie dann im Garten!"

„Unser Wellensittich hat gestern Benzin
getrunken. Dreimal umkreiste er die Lampe,
dann stürzte er ab!"
„Wie schrecklich. Ist er tot?"
„Nein, er hatte nur kein Benzin mehr!"

• ◎ o ▯ •

„Ihr neuer Hund sieht aber gefährlich aus!
Wo haben Sie ihn denn her?"
„Er ist mir in Afrika zugelaufen. Ich habe
ihm nur die Mähne etwas kürzer geschnitten!"

• ◎ o ▯ •

Zwei Schwalben sehen einen Düsenjäger
vorbeizischen.
„Ui, ist der aber schnell!", meint die eine
etwas neidisch.
„Kein Wunder, wenn ihm
der Hintern brennt!"

ENTE GUT, ALLES GUT.

NEIN, NEIN, ICH KANN HEUTE LEIDER NICHT. ICH HABE EINE GANZ SCHLIMME GRIPPE ... IHR KOMMT ZU MIR? WIRKLICH?

HALLO, WIE GEHT'S UNSEREM ARMEN, KRANKEN ENNO?

... UND VIEL OBST!

MÖCHTEST DU NOCH MEHR TEE?

JA, BITTE! NICHT ZU VIEL ZUCKER UND NICHT SO HEISS ...

EINE WOCHE SPÄTER

SO EIN MIST! ICH BIN WIEDER GANZ GESUND!

ENNO

ENTI

ENNA

...WERDEN UNS
...ZT UM DICH
...ÜMMERN.

HALLO!

ISS ETWAS SUPPE, DAS BRINGT DICH SCHNELL WIEDER AUF DIE BEINE!

...WAS MACHT EIGENTLICH DEIN FIEBER, ENNO?

...CH MESSE NOCH ...

42,3 °C?

ICH GLAUBE, ICH BIN WIEDER SEHR, SEHR KRANK!

Ein Krokodil fliegt in den Urlaub. Auf dem Schoß hält es einen großen Koffer aus Krokodilleder umklammert. Die Stewardess kommt und will den Koffer in der Ablage unterbringen. Da sagt das Krokodil: „Den gebe ich nicht her – das ist mein Mann."

Zwei Hundebesitzer protzen mit dem Können ihrer Hunde. „Wenn ich zu meinem Hund sage: ‚Such die Katze!' dann fängt er sofort eine." „Na und? Wenn ich zu meinem sage: ‚Platz!', dann platzt er ..."

Fleht der kleine Tausendfüßler:
„Bitte, Mama, kauf mir nie wieder Schnürstiefel!"

Erzählt ein Glühwürmchen seinem Freund:
„Meine Augen werden auch von Tag zu Tag
schlechter!"
„Wieso?"
„Gestern Abend habe ich doch eine halbe Stunde
mit einer Zigarettenkippe geflirtet."

Ein Urlauber fragt im Zeitschriftengeschäft den
Verkäufer: „Ich hätte gern eine Ansichtskarte mit
einer Wurst oder einem Knochen drauf. Führen
Sie so etwas?"
„Wir haben wunderschöne Karten – aber keine,
wie Sie sie wollen", entgegnet der Verkäufer.
„Schade, ich wollte meinem Hund schreiben!"

„Mama, ich bin ja so traurig!", schluchzt das
Glühwürmchen. „Die Lehrerin hat heute gesagt,
dass ich nie eine große Leuchte werde."

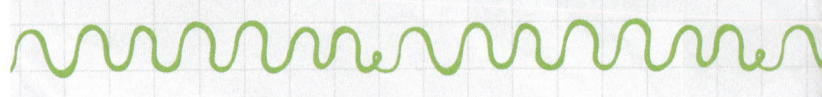

Ein Regenwurm verlässt sein Loch. Neben sich sieht er einen anderen Regenwurm aus der Erde gucken. „Guten Tag, Herr Nachbar!", begrüßt er ihn. Keine Antwort. Verblüfft versucht er es ein zweites Mal:

„Sind Sie neu hier in der Gegend?" Wieder keine Antwort.

Der Regenwurm will in sein Loch zurückkriechen und bemerkt, dass der andere Wurm sich ebenfalls bewegt. Nach kurzem Nachdenken murmelt er: „Jetzt habe ich doch schon wieder mit meinem Schwanz gesprochen!"

„Hast du auch ein Lieblingstier?", will Silke von Ralf wissen. „Na klar", meint Ralf, „ein gegrilltes Hähnchen!"

OMG!

Ein Boxer will seinen Freund, einen Dobermann, besuchen, der im dritten Stock wohnt. „He, komm runter!", bellt er vor dem Haus. Der Dobermann kommt auf den Balkon. „Geht nicht", sagt er, „ich bin eingesperrt."
„Macht doch nichts!", meint der Boxer.
„Spring doch einfach runter!"
„Das möchtest du wohl. Damit ich genauso eine platte Schnauze kriege wie du."

„Noah, was machst du denn mit der Sardinenbüchse?", fragt der Vater erstaunt.
„Ich zeige sie meinen Gold-fischen", klärt Noah den Vater auf, „damit sie dankbar dafür sind, dass es ihnen bei mir besser geht."

Die Geschwister besuchen den Zoo.
„Warum wohl die Störche dauernd auf
einem Bein herumstehen?", fragt Sandra.
„Bist du doof!", meint Alexander. „Wenn sie das
auch noch hochziehen, fallen sie doch um!"

Ein Floh hat im Lotto 1000 Euro gewonnen.
„He, du Glückspilz!", meint sein Freund.
„Was machst du denn mit dem vielen Geld?"
„Ich kauf mir einen Hund, ganz für mich alleine."

Eine Fledermaus besucht eine andere in deren
Höhle. Alle Fledermäuse hängen ordentlich
mit dem Kopf nach unten – nur eine nicht.
„Was ist denn mit der los?", fragt sie.
„Ach, die macht nur Yoga", antwortet die andere.

Der Vater fragt René, bevor er ins Bett muss:
„Hast du deinen Fischen auch frisches Wasser
gegeben?"
„Wieso denn das?", entgegnet René. „Die haben
doch noch nicht einmal das ausgetrunken, was ich
ihnen gestern gegeben hab."

Warum haben die Krokodile so flache Schnauzen?
Nun, frühmorgens schlafen die Krokodile noch am
Ufer, wenn die Elefanten zum Trinken an den Fluss
kommen ...

„Pfui, Heiko", tadelt die Mutter, „schämst du
dich nicht, den armen Dackel immer am
Schwanz zu ziehen?"
„Ich ziehe ja gar nicht", wehrt sich Heiko.
„Ich halte den Schwanz nur fest; der Dackel zieht."

Niklas kommt in die Reitschule und versucht verzweifelt, auf das hohe Pferd zu kommen, das schon unruhig geworden ist. Schließlich fängt er zu beten an: „Ihr heiligen vierzehn Nothelfer, helft mir auf den Gaul!" Dann schwingt er sich so kraftvoll aufs Pferd, dass er auf der anderen Seite wieder herunterfällt.

„Zum Donnerwetter", schimpft er. „Ihr müsst ja nicht alle vierzehn auf einmal anheben."

• ◎ ○ ▢ •

„Aber Sophie!", ruft die Oma. „Warum schüttest du denn den Hühnern Kakao in die Futternäpfe?"
„Damit sie Schokoladeneier legen!", gibt Sophie Auskunft.

„Was ist der Unterschied zwischen einer zwei-
jährigen Maus und einem dreijährigen Elefanten?"
„Ein Jahr!"

„Ich möchte nur wissen, warum heute die Fische
nicht anbeißen!", ärgert sich Anton. „Vielleicht
wissen sie nicht, dass du einen Angelschein hast",
gibt Erna zu bedenken.

Rosa ist Verkäuferin in einer Tierhandlung. „Hören Sie mal, der Hamster, den Sie mir gestern verkauft haben, ist heute tot umgefallen!", beschwert sich ein Kunde. „Merkwürdig, das hat er bei uns früher nie getan", staunt Rosa.

Ein Elefant ist in einen Ameisenhaufen getreten. Sämtliche Ameisen klettern an ihm hoch. Er schüttelt sie ab, bis auf eine, die ihm noch im Genick sitzt. Die Abgeschüttelten rufen von unten: „Charly, erwürg ihn!"

„Woran erkennt man, dass ein Elefant im Kühlschrank war?"
„An den Fußstapfen in der Butter."

„Warum haben Elefanten rote Augen?"

„Damit sie sich im Kirschbaum verstecken können."

„Hast du schon mal einen Elefanten im Kirschbaum gesehen?"

„Da siehst du mal, wie die sich tarnen können!"

„Was macht eigentlich ein Elefant, wenn er im
Kirschbaum sitzt und nicht mehr runter kommt?"

„Ganz einfach. Er setzt sich auf ein Blatt und
wartet, bis es Herbst wird."

varum darf man um Mitternacht
cht mehr in den Urwald gehen?"
weil dann die Elefanten im Urwald
allschirmspringen üben."

„Warum sind viele
Krokodile so platt?"
„weil sie nachts im
Urwald waren."

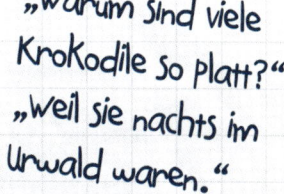

Bob erzählt von seiner Afrikareise und gibt furchtbar an. „Einmal lag ich ohne Waffe und völlig wehrlos vor den Pranken eines Löwen."
„Ich wäre vor Schreck gestorben", gesteht die ängstliche Melina.
„Beim ersten Mal vielleicht", besänftigt Bob, „nachher gewöhnt man sich daran."

● ◎ ○ ▢ ●

„Können Elefanten auch Radfahren?"
„Nein, sie haben ja keinen Daumen zum Klingeln!"

Ein Elefant läuft übers Feld und tritt versehentlich auf ein Mäuschen. Er bemerkt es und entschuldigt sich höflich bei ihr. Darauf die fast zerquetschte Maus: „Macht nichts. Hätte mir ja auch passieren können."

Leon und Luca sind im Zoo. Meint Leon:
„Was der Puma wohl sagen würde,
wenn er sprechen könnte?"
„Das kann ich dir genau sagen!
Er würde sagen: Ich bin kein Puma,
sondern ein Panther!"

Ein Elefant schwimmt gemütlich im See.
Plötzlich hört er vom Ufer eine piepsende
Stimme: „Elefant, Elefant, kommt doch mal raus!"
Der Elefant sieht eine Maus, die wieder ruft:
„Elefant, Elefant, komm doch mal raus!"
Darauf ärgerlich der Elefant: „Was willst du
denn?" Er stapft ächzend aus dem Wasser.
Da winkt die Maus ab. „Danke, ich wollte nur
sehen, ob du meine Badehose anhast."

Was sagt der Frosch, wenn er in einen
Milchladen hüpft? „Quark!"

Ein Jäger kommt von der Jagd zurück.
Thomas trifft ihn und fragt:
„Haben Sie einen Hasen geschossen?"
„Nein, leider nicht."
„Warum denn nicht?"
„Die Hasen liefen immer im Zickzack.
Jedesmal, wenn ich auf Zick schoss,
war der Hase schon auf Zack."

„In zehn Tagen werde ich ins Gras beißen",
sagt das neugeborene Kälbchen zu seiner Mutter.

Zwei Hunde haben sich in der Wüste verirrt.
Sagt der eine zum andern: „Wenn jetzt nicht
bald ein Baum kommt, mach ich in die Hose!"

„Wie gefällt dir mein neuer Freund?"
„Er erinnert mich an einen Hamster."
„Aber er hat doch überhaupt keine dicken Backen."
„Das nicht: Aber er nimmt den Mund immer so voll!"

Es hüpft über die Wiese und sieht rot aus. Was
ist das? Ein Frosch mit einer Tomate auf dem
Rücken.

Es sitzt auf der Wiese und macht „Klick".
Was ist das? Ein Frosch mit einem Fotoapparat.

Thomas trifft in der Dämmerung einen Jäger und fragt ihn, wohin er geht. Der Jäger antwortet: „Hasen jagen!" „Und wohin jagen sie die Hasen, wenn ich fragen darf?"

Eine kleine Motte darf zu ihrem ersten Ausflug starten. Als sie wiederkommt, fragt Mutter Motte: „Na, wie war's?"

„Sehr schön!", strahlt die Kleine. „Immer wenn sie mich gesehen haben, haben die Menschen vor lauter Begeisterung in die Hände geklatscht."

Ein Jäger hat seinen Hund so trainiert, dass er über das Wasser laufen kann. Natürlich will er das Kunststück bei der nächsten Pirsch seinen Freunden vorführen. Also schießt er am See eine Ente und schickt den Hund los. Der geht über den See und bringt die Beute trockenen Laufes ans Ufer. Daraufhin meint ein Jagdfreund: „Meine Güte, ist der wasserscheu!"

●　◎　○　◻　●

Michael war bei der Oma auf dem Dorf zu Besuch und ist nun auf dem Weg zum Bahnhof. Er sucht eine Abkürzung und fragt einen Bauern: „Wenn ich hier quer durch die Obstplantage laufe, erreiche ich dann noch den Zug um halb sechs?"
„Gewiss", antwortet der Land-
wirt schmunzelnd. „Und
wenn dich mein großer
Schäferhund bemerkt,
dann erwischst du auch
noch den Fünf-Uhr-Zug!"

In der Tierhandlung fragt ein Papagei einen Kaka-
du, der im Nachbarkäfig sitzt, wie alt er ist.
„Ich bin 21 Jahre alt", antwortet der Kakadu
hochmütig.
„Oh, Entschuldigung!", krächzt da der Papagei.
„Wenn Sie schon so alt sind, muss ich wohl
Kakasie zu Ihnen sagen."

Eine Schnecke klettert am Stamm eines Birn-
baumes hoch. Es ist Anfang Mai, kurz vor der
Baumblüte. Da fliegt ein bunter Schmetterling
vorbei und fragt: „Was willst du da oben auf
dem Baum?"
„Ich möchte reife Birnen essen", antwortet die
Schnecke.
„Aber an diesem Baum gibt es doch jetzt keine
reifen Birnen", wendet der Falter ein. Sagt die
Schnecke: „Wart's ab, bis ich oben bin!"

Häschen hoppelt am Fuchsbau vorbei. Vor dem Eingang hockt ein kleiner, junger Fuchs. Häschen erkundigt sich vorsichtig:

„Ist dein Vater daheim?"

„Nein", gibt der Jungfuchs Auskunft.

„Und deine Mama?"

„Ist auch ausgegangen", erwidert das Füchslein.

„Und deine Brüder und Schwestern?"

„Nein, es ist niemand hier. Ich bin ganz allein!"

„Wirklich, du bist ganz allein?"

„Ja."

„Nun", schmunzelt das Häschen, „dann werde ich dir jetzt eins auf die Schnauze hauen."

Warntafel am Eingang eines Naturschutz-Parks:
„Achtung, freilaufende Tiger. Wenn Tiger kommen, hinlegen und auf Hilfe warten. Wenn keine Hilfe kommt, viel Glück!"

Das junge Feldmäuschen
sieht zum ersten Mal
in der Dämmerung
eine Fledermaus um den
Dorfkirchturm fliegen,
klatscht in die kleinen Pfoten
und ruft voller Begeisterung: „Schau mal, Mama,
da fliegt ein Engel!"

„Ich hätte gern einen Kanarienvogel,
der gut singt!"
„Dann nehmen Sie diesen hier;
er ist ein sehr guter Sänger."
„Nein, den will ich nicht; der hat
ja ein schiefes Bein."
„Ja, was wollen Sie denn:
einen Sänger oder einen Tänzer?"

Eine Maus will über die Grenze und zieht einen
Elefanten hinter sich her. Da sagt der Zöllner:
„Maus, geh zurück, so große Tiere wollen wir hier
nicht haben!"
Mäuschen nimmt den Elefanten und zieht ab.
Nach einiger Zeit kommt Mäuschen wieder mit
dem Elefanten zur Grenze. Der Zöllner sagt wieder:
„Geh zurück!"
Nun zieht die Maus wieder ab, holt sich ein
Brötchen, schneidet es in der Mitte auf, klebt
dem Elefanten eine Hälfte hinten hin, die andere
vor die Stirn. So geht es wieder zur Grenze.
Auch diesmal sagt der Grenzbeamte:
„Zurück, so große Tiere wollen wir hier
nicht haben!"
Mäuschen:
„Was heißt hier große
Tiere? Das ist doch
nur mein belegtes
Brötchen!"

Zwei Mäuse haben einen Elefanten gefangen. Da sagt
die eine Maus: „Ein Elefant ist für uns eigentlich zu wenig.
Halt du mal den Elefanten, ich will noch einen fangen."
Nach einiger Zeit kommt Mäuschen erfolglos zurück.
Da sieht es, dass seine Gefährtin alleine dasteht.
Die schluchzt: „Ich kann wirklich nichts dafür,
der Elefant ist mir ausgerissen!"
„Lüg doch nicht", empört sich Mäuschen,
„du kaust ja noch!"

Heiner besichtigt eine Geflügelfarm. Ihm wird
von dem Besitzer alles mit Stolz erklärt. Der
Geflügelfarmer zeigt auf einen Haufen gelber
wuseliger Küken. „Die kommen alle aus der
großen Brutmaschine", erläutert er.
„Wunderbare Technik", staunt Heiner.
„Kein Unterschied festzustellen. Die sehen
alle haargenau so aus, als wären sie aus
dem Ei geschlüpft!"

Beunruhigt stellt ein Förster fest, dass in seinem Revier gewildert wird. Er beschließt, dem Burschen auf die Schliche zu kommen und legt sich auf die Lauer. Kaum dass es hell wird, hat sich sein Warten gelohnt.

Aus dem Wald kommt ein Mann, der über seiner Schulter einen kapitalen Rehbock hängen hat.

Der Förster springt ihm entgegen und schreit: „Endlich hab ich dich, du Mistkerl, seit Wochen wilderst du in meinem Wald!"

Der Wilderer schaut den Förster mit großen Augen an und sagt: „Aber Herr Förster, wie können Sie denn so etwas sagen? Ich und wildern? Das ist völlig unmöglich, wo ich doch die Tierlein so lieb habe!"

Da brüllt der Förster: „Das ist ja wohl die Höhe, du unverschämter Kerl, jetzt noch zu leugnen! Was ist denn das, bitteschön, was du da über der Schulter hängen hast?"

Da schaut der Wilderer auf seine Schulter und schreit entsetzt: „Huch!"

ENTE GUT, ALLES GUT!

ES IST ZEIT, EINE KLEINE PAUSE ZU MACHEN!

NOCH EINE ...

BZZ

ÄH ??

ENNO

ENTI

ENNA

PUUUH! ERST MAL EINEN LUTSCHER, DANN GEHT'S MIR GLEICH VIEL BESSER!

OOOOHH ...
EIN BIENCHEN! WIE NIEDLICH!

BZZZZZZZ!

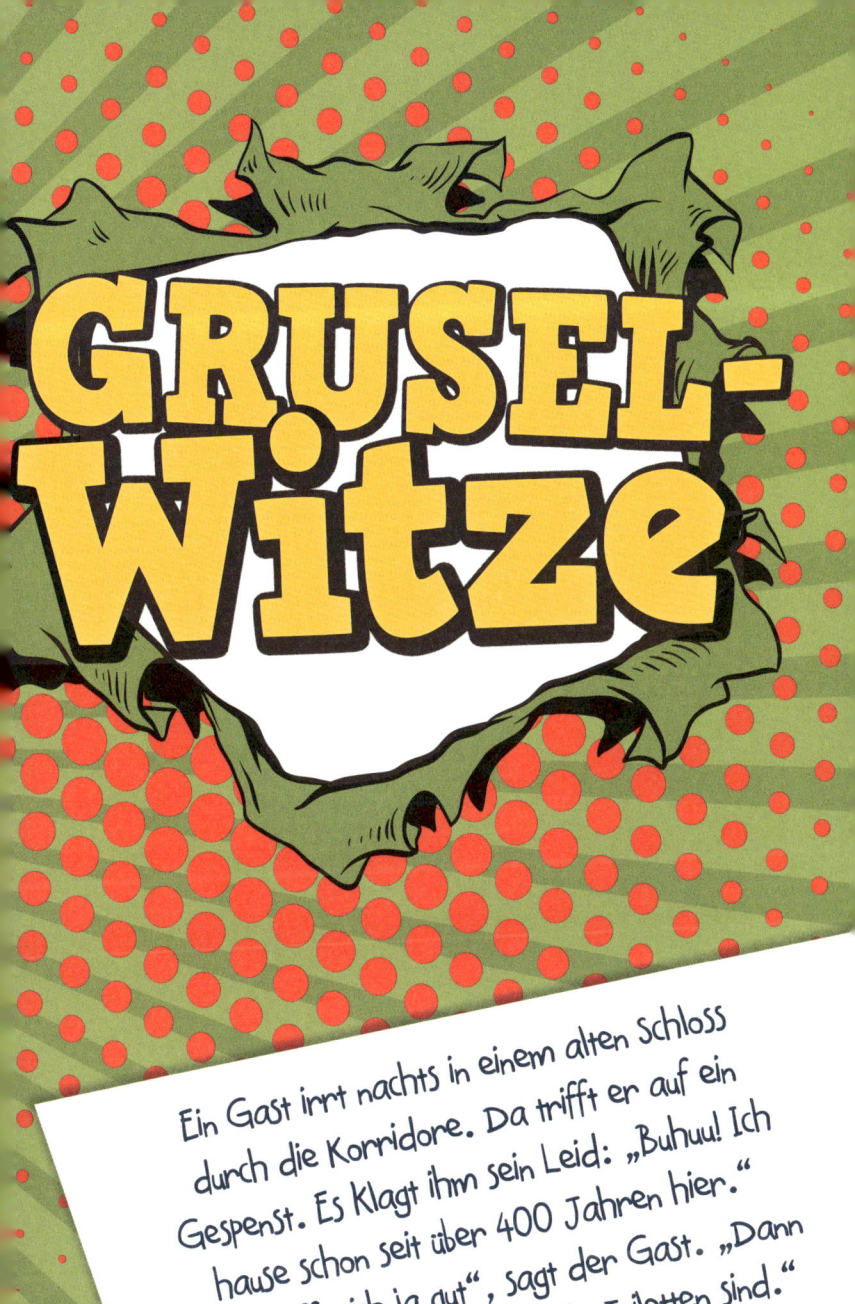

GRUSEL-Witze

Ein Gast irrt nachts in einem alten Schloss durch die Korridore. Da trifft er auf ein Gespenst. Es klagt ihm sein Leid: „Buhuu! Ich hause schon seit über 400 Jahren hier." „Das trifft sich ja gut", sagt der Gast. „Dann wissen Sie sicher, wo hier die Toiletten sind."

Kommt ein Skelett an einem Eimer Wasser vorbei, beugt sich herab und sagt mitleidig: „Armer Teufel! Wohl Schneemann gewesen?"

Wovor erschrickt selbst ein Gespenst?
Vor der Mitternachtssonne.

Herr Müller kommt in den Behandlungsraum seines Hausarztes und sieht dort ein Skelett. „Ist das Ihr Ersatzteillager, Herr Doktor?", fragt er.

Drei Gespenster klagen sich ihr Leid. „Ich muss mir alle zwei Stunden den Kopf abschlagen", klagt das erste. „Ich war der Henker von London."
„Und ich", klagt das zweite, „ich muss mir alle Stunde ein Messer in den Bauch rammen. Ich war Jack the Ripper."
„Das ist noch gar nichts!", meint das dritte Gespenst. „Ich muss alle halbe Stunde unter die kalte Dusche."
„Um Himmels willen, warum denn das?"
„Ich war beim Rundfunk bei der Wettervorhersage."

„Gegensätze ziehen sich an", sagte der Toten-
gräber, als er sich in die Hebamme verliebte ...

Sagt der Arzt zum Skelett:
„Sie kommen reichlich spät!"

Was sagte Dracula,
als man ihn Blutsauger
schimpfte? „Mahlzeit."

Um Mitternacht geht das Skelett spazieren,
da versperrt ihm der Friedhofswärter den Weg:
„Um 24.00 Uhr ist Ausgangssperre!"
„Und dafür zahle ich nun Miete!",
schimpft das Skelett.

Warum geht Dracula am liebsten in Katastrophenfilme? Weil sie Appetit machen.

Warum hat das Skelett keinen Führerschein? Weil es immer schon beim Sehtest durchfällt!

Willi hat sich in der Wüste verlaufen und sucht verzweifelt nach Wasser. Plötzlich sieht er ein großes Fass. „Wasser, endlich Wasser!", ruft er hoffnungsvoll aus. Da guckt ein Skelett aus dem Fass: „Wo?"

Was liegt einem Skelett am wenigsten am Herzen? Die Gesundheit.

Am Friedhof unterhalten sich zwei Skelette. Da läutet plötzlich das Totenglöcklein. „Tschüss, ich muss heim zum Musik-unterricht!", sagt da das eine Skelett.

Für welchen Rausch braucht ein Vampir keinen Alkohol? Für den Blutrausch.

Woran sieht man, dass Dracula bei seiner Freundin war? Am Blutfleck am Hemdkragen.

Was trägt ein
Gespenst zur
Beerdigung?
Das kleine Schwarze.

Warum haben
Skelette keine Lust zum
Skateboardfahren?
Weil sie dabei so
hart aufs Steißbein
fallen können.

 Nach welchem Bad fühlt sich der Vampir
wie neugeboren? Nach dem Blutbad.

In welche Bank bricht ein Vampir am
liebsten ein? In die Blutbank.

145

Was sagt Dracula, wenn er einer hübschen
Frau ein Kompliment macht?
„Du hast den schönsten Hals der Welt!"

Ein Witwer sitzt nachts um zwölf noch am Kamin.
Da erscheint ein Gespenst und sagt: „Ich soll im
Auftrag deiner Frau spuken!" „Macht nichts,
solange sie nicht selber kommt!", entgegnet der
Witwer.

„Ich würde das Schloss gern kaufen, aber es soll
hier Gespenster geben!", zögert der Interessent.
„Ich habe hier noch nie ein Gespenst gesehen und
ich wohne seit 200 Jahren hier!", antwortet ihm
der Schlossherr.

Was wollen Draculas Kinder zum Naschen?
Kandierte Blutegel.

Das Skelett wird angerempelt und fällt hin.
Ein Passant hilft ihm: „Haben Sie sich verletzt?"
„Nein, aber zu Tode erschrocken!"

„Ist etwas mit meinen Zähnen?", fragt das Skelett
den Zahnarzt.
„Nein, aber Ihr Zahnfleisch macht mir Sorgen."

Welcher Geist spukt für sich allein?
Der Flaschengeist.

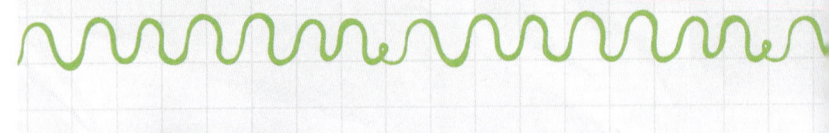

Was macht Dracula, wenn
er zu einem Essen eingeladen
ist und der Rotwein alle ist?
Er nimmt den Gastgeber.

Welchen Schwamm benutzt der Vampir für
die Schönheitspflege? Den Blutschwamm.

Warum freut sich Dracula
auf Weihnachten?
Weil er dann seine
Blutsverwandten wiedersieht.

Dann war da noch der Vampir, der kein Blut sehen
konnte und nach jedem Biss ohnmächtig wurde ...

„Ist es schlimm, Herr Doktor?",
fragt das Skelett nach der Untersuchung.
„Das kann ich noch nicht sagen,
ich muss Sie erst mal röntgen."

„Haben Sie Haustiere?",
wird das Skelett gefragt.
„Ja."
„Welche?"
„Piranhas."

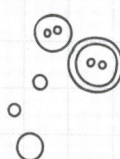

Warum können Skelette nicht
Fahrrad fahren? Weil sie kein
Sitzfleisch haben!

Wie fühlen sich Gespenster nach der
großen Wäsche? Völlig ausgelaugt!

Ein Skelett beim Pulloverkauf.
„Darf's reine Wolle sein?" fragt die Verkäuferin.
„Nein", erwidert das Skelett,
„Wolle kratzt so auf der Haut!"

Was tun Gespenster gegen das Altern?
Sie lassen sich aufbügeln.

Hat Dracula ein Hobby?
Ja, Drachenfliegen.

Warum mag Dracula keinen Knoblauch?
Weil er von Knoblauch Mundgeruch kriegt.

Warum sind Draculas Vorderzähne hohl?
Damit er auch ohne einen Strohhalm
schlürfen kann.

„Gut schaust du aus, wo warst du denn
im Urlaub?", fragt ein Skelett das andere.
„Auf dem Friedhof!"

„Ich glaube, sie haben das Schlimmste
schon hinter sich!", sagt der Arzt
beruhigend zum Skelett.

Warum haben Skelette keinen Ausweis?
Weil man dazu ein Foto braucht,
auf dem das linke Ohr drauf ist.

Draculas Söhnchen kommt eines
Tages wütend aus der Schule:
„Ich muss 100-mal schreiben:
‚Ich darf nicht mehr kratzen.'"
„Das geschieht dir recht", sagt
Dracula, „wie oft habe ich dir
schon gesagt, dass du beißen
sollst!"

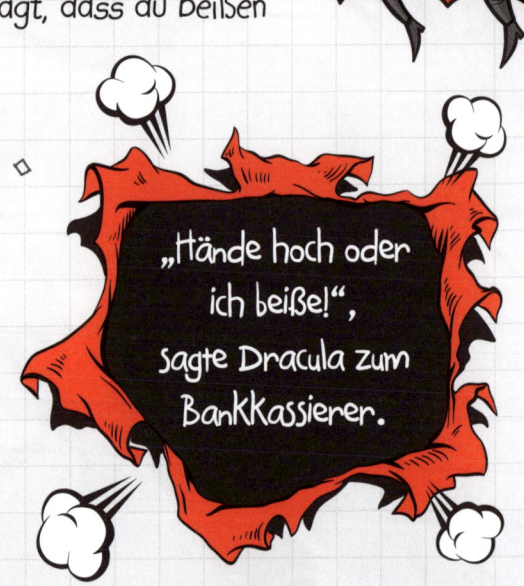

„Hände hoch oder
ich beiße!",
sagte Dracula zum
Bankkassierer.

Ein Skelett kommt an die Bar: „Bitte ein Bier und einen Aufwischlappen."

• ◎ ○ ▢ •

Das Skelett kommt in eine Apotheke. „Reklamationen bitte nur schriftlich einreichen!", sagt da der Apotheker.

• ◎ ○ ▢ •

Das Skelett sitzt im Café und bestellt Kuchen. „Mit oder ohne Sahne?" „Ohne natürlich, Sie sehen doch, dass ich gerade Diät mache!"

• ◎ ○ ▢ •

Eine Polizeistreife stoppt ein Skelett im Auto. „Ihre Papiere, bitte!" „Moment!", sagt das Skelett. „Der Grabstein liegt im Kofferraum!"

DIE ERLEUCHTUNG

Welche Unterwäsche tragen modische
Gespenster? Durchsichtige.

Ein Skelett bewirbt sich bei der Geisterbahn.
„Haben Sie Referenzen?", fragt der Eigentümer.
„Nein, aber dafür eine gute Gesundheit."

Ein Skelett kommt zum Arzt.
„Haben Sie irgendwelche Beschwerden?",
fragt der Doktor.
„Ja, Herr Doktor, ich leide unter Muskelschwund!"

Was ist Draculas Lieblingsobst? Blutorangen.

Mit welchem Zucker süßt Graf Dracula seinen Kaffee? Mit Blutzucker.

• ◎ ○ ◻ •

Warum mögen Skelette keine Hunde? Weil Hunde Knochen lieben!

• ◎ ○ ◻ •

In einem Sarggeschäft lässt sich das Skelett einige Ausführungen zeigen. „Darf es vielleicht einer in Teak sein?" fragt die Verkäuferin. „Nein, ich nehme Eiche", antwortet das Skelett, „das wirkt lebendiger."

Was macht das Skelett, wenn es friert?
Es klappert mit den Zähnen. Was macht das
Skelett, wenn es schwitzt? Dasselbe.

Woran erkennt man, dass Dracula ein
Feinschmecker ist?
Daran, dass er, bevor er zubeißt,
nach der Blutgruppe fragt.

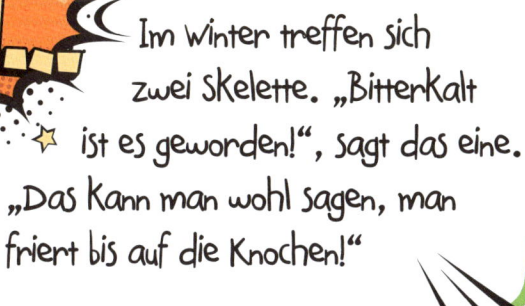

OH...

Im Winter treffen sich
zwei Skelette. „Bitterkalt
ist es geworden!", sagt das eine.
„Das kann man wohl sagen, man
friert bis auf die Knochen!"

Woran sterben die meisten Vampire?
Keinesfalls am Knoblauch, sondern
an Blutvergiftung.

Warum arbeiten Skelette nicht
auf dem Bau oder in der Fabrik?
Weil sie sich vor der Knochenarbeit scheuen.

Dann war da noch der chinesische Dracula, der
statt Brutkasten immer Blutkasten sagte ...

Beim Psychiater. Das Skelett ist völlig verzweifelt:
„Wissen Sie, ich habe das Gefühl, dass mich alle
durchschauen!"

„Ich fahr morgen in Urlaub", erzählt ein
Skelett einem anderen.
„Weißt du schon, wo du dann übernachtest?"
„Nein, den Friedhofs-Führer muss ich mir
noch kaufen."

Wohin geht ein Skelett, wenn es sich amüsieren will?
In die Totenmesse.

Was versteht Dracula unter Blutrache?
Beißt du mich, beiß ich dich.

Warum sind Skelette Naturfreunde? Weil sie sich
die Radieschen am liebsten von unten angucken.

„Glauben Sie vielleicht, ich möchte bis auf die Knochen nass werden?", fragte das Skelett, das einen Regenmantel kaufen wollte.

Was macht Dracula kurz vor zwölf? Zahnpflege.

Ein Skelett läuft mit seinem Grabstein auf dem Friedhof herum. Ein anderes fragt es: „Warum machst du das?" „Ach, ohne Ausweis kommt man ja heute nirgends mehr hin!"

Welche Beleidigung trifft ein
Skelett am schlimmsten?
Wenn man ihm sagt,
dass es kein Rückgrat hat.

Wo lernen sich die meisten Gespensterpärchen
kennen? In der Geisterbahn.

Im Wartezimmer.
„Wo fehlt es Ihnen denn?", fragt das Skelett
seinen Nebenmann.
„Ich hab es schon seit zehn Jahren im Magen."
„Ja, ja", meint das Skelett.
„Es ist schon was wert, wenn man keinen
mehr hat!"

ENTE GUT, ALLES GUT

ENTI ENNO ENNA

WAS IST DAS?

MMHH ... EIN STOCK, EIN SCHLÄGER? WAS ES WOHL BEDEUTET?

JETZT BIST DU DRAN: WAS MÖCHTEST DU WISSEN?

MMH ...

Ein Skelett geht durch die Stadt.
Plötzlich kommt ein Leichenwagen vorbei.
„Hallo Taxi!", hebt das Skelett die Hand.

Warum gehen Skelette in Gruselfilme? Weil sie endlich mal eine Gänsehaut kriegen wollen.

Wie machen Skelette ihre tägliche Hautpflege? Abschmirgeln und nachpolieren.

Was treibt Gespenster immer wieder auf den Friedhof? Der Wunsch, eine Eigentumswohnung zu besitzen!

Was macht ein Skelett, das sich den Magen
verdorben hat? Es spukt.

warum hat jeder Schotte,
der ein Schloss hat, ein Gespenst?
Weil das billiger ist als eine Alarmanlage.

Wie waschen sich Gespenster?
Im Schongang bis 40 °C.

„Dankeschön", sagt das Skelett zum Boten, der
einen Kranz bringt, „das ist aber nett, dass Sie
mir zum Geburtstag gratulieren!"

Dracula beim Zahnarzt. „Bitte einmal anspitzen ..."

Warum verweigert Dracula die Blutkonserven?
Weil er nur frische Lebensmittel mag.

Was macht der Vampir, wenn er zu einem
Verkehrsunfall kommt? Erste Hilfe.

„Ich habe zum ersten Mal mein Herz verloren!",
sagte das Skelett zu seinem Schwarm.

Warum trägt der Geist des Schotten
den Kopf unter dem Arm?
Damit er sich den Whisky gleich in
den Hals schütten kann.

„Doktor Müller ist der beste Chirurg der Stadt. Wenn er operiert, sieht man nachher nicht mal Narben!", erzählt ein Skelett dem anderen.

WOW!

„Du rauchst ja wieder!", sagte ein Skelett zum anderen. „Ja, aber nicht mehr auf Lunge!"

Warum gehen Gespenster so oft in Gruselfilme? Um sich weiterzubilden.

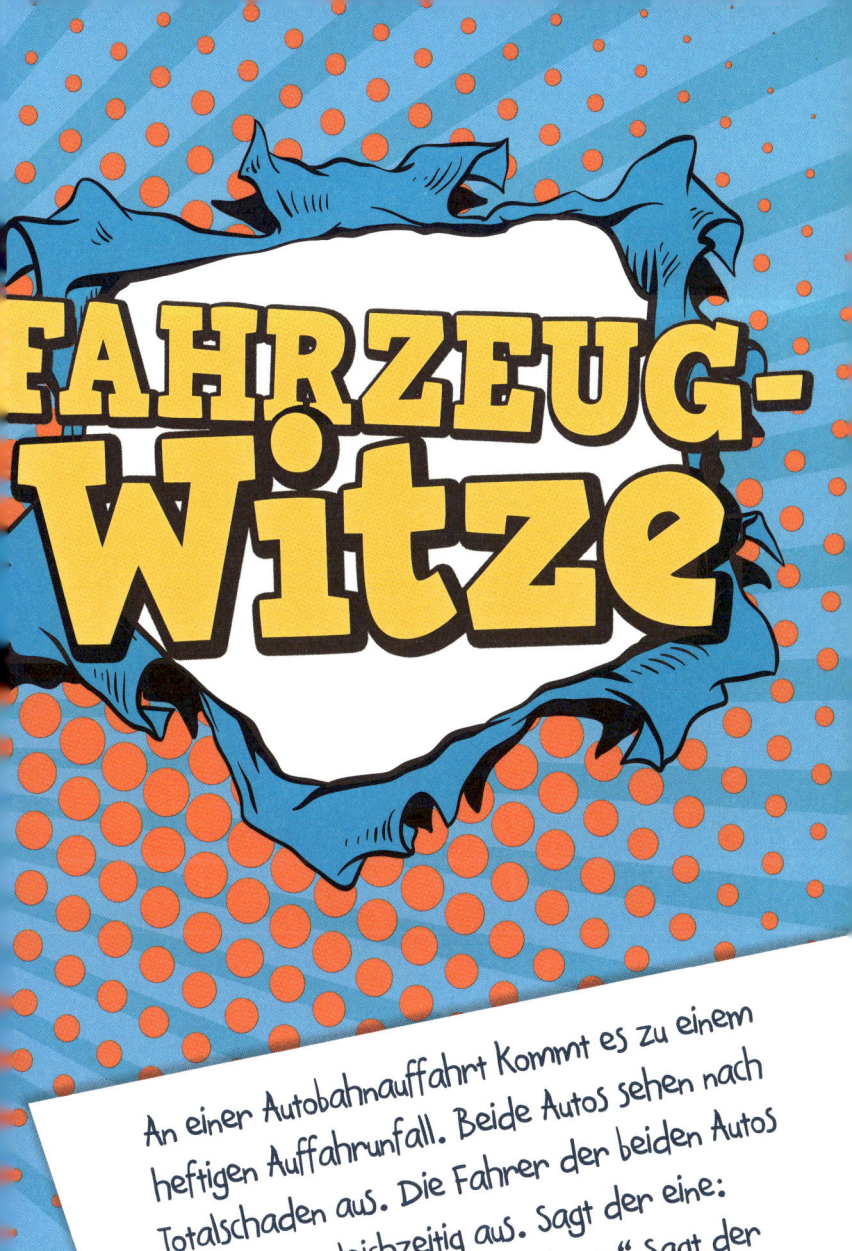

FAHRZEUG-Witze

An einer Autobahnauffahrt kommt es zu einem heftigen Auffahrunfall. Beide Autos sehen nach Totalschaden aus. Die Fahrer der beiden Autos steigen gleichzeitig aus. Sagt der eine: „Sie haben Glück, ich bin Arzt." Sagt der andere: „Sie haben Pech, ich bin Anwalt."

Wie kann man aus einem Trabi einen Sportwagen machen? Indem man ein Paar Turnschuhe in den Kofferraum legt.

Warum gibt's den Trabi nicht in Schwarz? Sonst würde er mit einem Brikett verwechselt.

Der Trabi ist der Wagen für Denker. Weil die Besitzer denken, sie hätten ein Auto.

Ein Amerikaner in den USA hat vom Trabi gehört und sich ein Exemplar bestellt. Es wird geliefert. Der Amerikaner telegraphiert nach Zwickau: „Thanks für das Pappmodell, wann kommt das Auto?"

Wie kann man einen Trabi im Wert verdoppeln?
Indem man ihn volltankt.

Sven hat einen Fahrradsturz überlebt. Am nächsten Tag kommt er mit einem dicken Verband um den Kopf zur Arbeit. Die ganze Belegschaft drängt sich um ihn. „Da bist du wohl ziemlich auf den Kopf gefallen?", meint Erik grinsend. „Nein", antwortet Sven giftig, „ich bin auf den Po gefallen, mir ist nur der Verband verrutscht!"

Die forsche Lilo hat Karl zu einer Autofahrt eingeladen. Als der Wagen nach atemberaubender Kurvenfahrt wieder steht, meint Lilo:
„Irgendetwas hat die ganze Zeit geklappert?!"
„Und das wundert dich?", ächzt Karl.
„Das waren meine Zähne!"

„Dorothee, du hast vergessen, am geparkten Auto die Scheibenwischer auszuschalten", ruft der Bruder.

„Keineswegs", entgegnet Dorothee, „ich lasse sie stets eingeschaltet, damit mir kein Strafzettel untergeklemmt werden kann."

Warum hat der Trabi Sicherheitsgurte?
Damit man ihn am Fahrer befestigen kann.

Warum heißt der Trabi Trabi?
Wenn er schneller wäre,
hieße er Galoppi.

Ein Trabi fährt in den Zoo.
Da fragt ihn ein Zebra:
„Was bist denn du?"
Antwort: „Ein Auto!"
Da sagt das Zebra:
„Dann bin ich ein Pferd."

„Haben Sie schon
gehört, Frau Müller?
Unser Schornstein-
feger, der nette junge Mann,
ist unters Auto gekommen!"
„Das ist ja furchtbar, nicht einmal auf dem Dach
ist man vor den Autos mehr sicher!"

Ruft ein Chauffeur in seiner Firma an und sagt:
„Ich komme heute etwas später;
ich glaube, der Außenspiegel ist kaputt."
Der Chef reagiert sauer:
„Glauben? Schauen Sie gefälligst nach.
Das sieht man doch sofort."
Der Chauffeur: „Leider nicht, Chef.
Der LKW liegt drauf."

Hannes fährt mit überhöhter Geschwindigkeit
über die Bahnhofstraße. Als ein Polizist versucht,
ihn zu stoppen, ruft er ihm zu:
„Sie können mich mal!"
Der Polizist schwingt sich auf sein Motorrad,
stellt Hannes nach kurzer Jagd und fragt als Erstes:
„Haben Sie eben gerufen, ich könne Sie mal?"
„Ja", antwortet Hannes, „aber es wäre wirklich
nicht so eilig gewesen!"

Die Polizei stoppt einen Autofahrer, der falsch abgebogen ist. „Haben Sie denn nicht die Pfeile auf der Straße gesehen?"
„Nein! Gibt's hier denn etwa Indianer?"

„Zeuge, wo befanden Sie sich, als Sie überfahren wurden?", fragt der Richter.
„Unter dem Auto!"

„Ihr Wagen ist total überladen!",
sagt der Polizist zum Autofahrer.
„Geben Sie mir mal Ihren Führerschein
und die Wagenpapiere!"
„Soll das ein Witz sein? Die Papiere
haben doch kaum Gewicht!"

ENTE GUT, ALLES GUT

ENNO
ENTI
ENNA

„SCHWARZE KATZ VON lNKS NACH RECHTS, WAS SCHLECHTS." WAS MACH ICH?

ICH WEISS ... DREIMAL ÜBER DEN LINKEN ARM SPUCKEN, DAS HILFT!

HM ... ICH ...
AS IST ...
ECH ...
AS HEISST ...
CHWARZE
ATZE! SIE
lSSEN SCHON ...

Der Autofahrer bezahlt mürrisch das
Verwarnungsgeld und bekommt eine Quittung.
„Was soll ich damit anfangen?", brummt er.
„Die heben Sie schön auf", erwidert der Polizist,
„und wenn Sie zehn zusammen haben,
bekommen Sie ein Fahrrad."

Ein Verkehrspolizist, der das Auto von
Frau Müller überprüft hat, sagt zu ihr:
„Sie haben aber ein schlechtes Profil!"
Darüber sehr verärgert
erwidert Frau Müller:
„Na, hören Sie mal!
Sie sind auch nicht
gerade das, was
man eine Schönheit
nennt!"

Kevin fährt mit seiner Freundin in seinem neuen Sportwagen spazieren. An einer Kreuzung fragt er sie: „Kommt rechts ein Auto?"

Sie antwortet: „Nein." Er gibt Gas – und sie setzt hinzu: „Nur ein Lkw."

„Papa, warum gibt es immer weniger Fußgänger und immer mehr Autofahrer?"
„weil man Schuhe bar bezahlen muss."

Beim TÜV beanstandet der Prüfer die fehlenden Scheibenwischer am Wagen einer Dame. Erklärt sie: „Die hab ich abmontiert, weil die Polizei immer so grüne Zettel dahinter steckte."

Frau Meier ruft die Autowerkstatt an: „Kommen Sie schnell, ich habe Wasser im Vergaser." „In Ordnung – und kann unser Mechaniker Ihr Auto schnell finden?" „Klar. Es ist ja höchstens zehn Meter vom Ufer entfernt versunken!"

Frau Huber sagt zu ihrer Nachbarin: „Mein Mann hat doch wirklich ein sagenhaftes Glück! Erst vorgestern hat er sich nun gegen Unfall versichern lassen – und schon heute morgen ist er überfahren worden."

Erna fährt auf einen Parkplatz und fragt den Wächter: „Was kostet hier das Parken?"

„Für Sie 10 Euro!"

„Wieso für mich? Nehmen Sie hier unterschiedliche Preise?"

„Das nicht gerade - aber Ihr Wagen sieht so aus, als würden Sie ihn nicht wieder abholen!"

Der Polizist streng: „Ihre Bremsen sind nicht in Ordnung, das kostet Sie 30 Euro!"

„Oh, toll", strahlt der Autofahrer, „in der Werkstatt wollten sie 150 Euro kassieren!"

„Was ist eine Verkehrsampel?"

„Das ist so ein kleines grünes Licht, das immer rot wird, wenn man näher kommt!"

In Amerika wird ein neues **Weltraumprojekt** gestartet: Ein **Schimpanse** und eine **Blondine** starten zu einer mehrjährigen Reise durch das Universum. Beiden wird nur ein Umschlag mitgegeben, der sämtliche Anweisungen enthält. Nach dem Start der **Rakete** öffnet der Schimpanse sein Kuvert, liest längere Zeit und fängt dann an, geschäftig mehrere Knöpfe zu drücken, Schalter umzulegen, Regler zu schieben und sämtliche Instrumente einzustellen. Verwundert öffnet die Blondine darauf ihren Umschlag, nimmt einen kleinen Zettel heraus und liest: **„Bitte vergessen Sie nicht, den Affen zu füttern!"**

„Sie sind mit beinahe hundert Sachen durch die Stadt gerast", sagt der Verkehrsrichter. „Dafür gibt es einfach keinen vernünftigen Grund."
„Und ob! Ich hatte meiner Frau einen Mantel gekauft und da musste ich so rasch wie möglich nach Hause, damit er nicht vorher aus der Mode kommt."

An einer Fußgängerampel tippt eine alte Dame einem jungen Mann auf die Schulter und bittet ihn, sie über die Straße zu bringen:
„Aber gern", sagt er.
„Und warum gehen wir nicht?"
„Wir müssen warten, es ist noch Rot!"
„Was soll der Unsinn", ruft die Dame empört, „wenn Grün ist, kann ich auch allein gehen!"

„Die Blechruine, mit der Sie durch die Stadt rasen, wollen Sie doch wohl nicht Auto nennen?", fragt der Polizist voller Empörung.

„Wo denken Sie denn hin!", entgegnet Rick. „Sonst hätte ich doch schon längst einen Führerschein!"

•   ◎   o   ◻   •

„Na, wie war's in der Fahrschule?"

„Ganz gut. Gestern bin ich schon fünfzig gefahren und morgen werde ich versuchen, die Augen offenzuhalten, wenn mir ein Auto entgegenkommt."

•   ◎   o   ◻   •

Ein Polizist beugt sich erschrocken über eine Dame, die auf dem Boden liegt: „Was haben Sie?"

„Mir fehlt nichts, Herr Wachtmeister. Ich halte nur diesen Parkplatz für meinen Mann frei."

Eine alte Dame am Straßenrand
zu einem jungen Mann: „Ach, wären Sie wohl
so nett, mich über die Straße zu bringen?"
„Ja, gern", antwortet er hilfsbereit.
„Sie wohnen wohl dort drüben?"
„Nee, junger Mann, da drüben steht
mein Motorrad!"

Ein Fahrlehrer
zum anderen:
„Also abgemacht,
du lässt meine
Frau durchfallen
und ich deine."

Ute kommt ins Wohnzimmer.
„Darf ich dich etwas fragen, Karl?"
„Aber ja! Was ist denn?"
„Bleibt bei dir auch immer die Garage hängen,
wenn du rückwärts hinausfährst?"

Gebrauchtwagenhändler zum Kunden:
„Mit diesem Wagen können Sie glatt 150 Kilometer
fahren!" „In der Stunde oder alles in allem?"

Anruf bei der Polizei:

„Man hat mir in meiner Abwesenheit das Lenkrad, das Gaspedal, das Bremspedal und das Armaturenbrett gestohlen."

„Wir schicken sofort jemanden vorbei."

Wenig später erneuter Anruf:

„Das mit dem Diebstahl - hicks - können Sie vergessen. Ich hatte mich aus Versehen auf den Rücksitz gesetzt."

Klaus hat sich aus alten Fahrrädern ein tolles neues zusammengebastelt. Bewundernd stehen seine Freunde um ihn herum.

„Aber warum hast du denn", fragt ihn plötzlich einer, „ein kleines Vorderrad und ein großes Hinterrad?"

„Na, das ist doch ganz einfach. Wenn es hinten höher ist, kann man immer bergab fahren."

ENTE GUT, ALLES GUT

ENTI

ENNO

ENNA

DEN MUSS ICH UNBEDINGT HABEN!

ICH HÄTTE GERNE EINE BATTERIE, EINE GLÜHBIRNE UND DIESEN SUPER-RASIERER AUS DER WERBUNG.

NEIN! ICH GEHE MORGEN NICHT MIT DIR INS KINO ... NEIN! UND ÜBERMORGEN BESTIMMT AUCH NICHT!

Zwei Betrunkene fahren mit dem Rad. Plötzlich hält der eine an und lässt aus beiden Reifen die Luft raus.

„Warum machst du das?"

„Mir war der Sattel zu hoch!"

STOP

Der Taxifahrer rast los. Ampel Rot – er darüber weg. Nächste Kreuzung wieder Rot – er darüber weg. Wieder und wieder. An der folgenden Kreuzung ist Grün. Er tritt voll auf die Bremse, sodass der Fahrgast mit dem Kopf gegen die Windschutzscheibe fällt.

„Warum denn das – bei Grün?", reibt er sich die Beule. Erwidert der Taxifahrer: „Nun ja, man muss vorsichtig sein. Es könnte ja ein Kollege kommen."

„Ich bin wirklich nicht zu schnell gefahren", protestiert der Mann am Steuer, als er von der Polizeistreife angehalten wird. „Das sagen alle",

meint daraufhin der Polizist. „Was wollen Sie dann? Wenn es alle sagen, muss es doch auch stimmen!"

• ◎ ○ ◇ •

„Sie hatten letzte Woche ja gar keinen Unfall", wundert sich der Automechaniker über seine Kundin. „Waren Sie krank?"

• ◎ ○ ◇ •

Albert sagt zu seiner neuen Freundin: „Wollen wir in einem großen Wagen mit Chauffeur fahren?"
„Oh ja!" „Prima, da vorn ist auch schon die Bushaltestelle."

„Sie sind über 100 Stundenkilometer gefahren –
und das durch die Ortschaft!"
„Bitte, Herr Wachtmeister, schreiben Sie
150 Kilometer auf. Ich möchte mein Auto nämlich
in der nächsten Woche verkaufen."

Herr Pingelich fährt sein Auto beim TÜV vor.
„Wo ist denn Ihr Tacho?", fragt der Prüfer.
„Den brauche ich nicht!" „Aha, und woran wollen
Sie dann erkennen, wie schnell Sie fahren?"
„Ganz einfach: am Klappern. Bei 30 klappert die
linke Tür, bei 40 die rechte, bei 50 der Auspuff,
bei 60 der Kofferraumdeckel, bei 70 die Motor-
haube und bei 80 meine Frau mit den Zähnen!"

„Wie nennt man die
höflichsten Autofahrer?"
„Keine Ahnung!"
„Geisterfahrer. Sie sind
immer so entgegenkommend ..."

Die Großmutter wird von ihrem Enkel mit dem Auto zum Bahnhof gebracht. Interessiert schaut die alte Dame zu, wie der junge Mann die verschiedenen Gänge einlegt. Auf einmal meint sie ganz resolut: „Ab jetzt rühre ich das Benzin um und du konzentrierst dich auf den Verkehr!"

„Reparieren Sie mir bitte meine Hupe!",
meint der Kunde in der Autowerkstatt.
„Wieso, die Bremsen sind doch kaputt!"
„Was meinen Sie wohl, warum Sie mir
meine Hupe reparieren sollen?"

„Ich habe mich endlich durchgerungen:
Ich kaufe einen umweltfreundlichen Elektrowagen
für 30 000 Euro."
„So viel Geld?"
„Na ja, 10 000 Euro für das Auto und
20 000 Euro für die Verlängerungsschnur."

„Welches Rad dreht sich in der Kurve am wenigsten?", fragt der Prüfer die Fahrschülerin. Sie überlegt einen Augenblick und antwortet dann strahlend: „Das Reserverad!"

Autobahn, Urlaubsverkehr, 50 Kilometer Stau. Der Vater mit erschöpftem Blick zu seiner Frau: „Jetzt könntest du mich mal wieder ablösen – übernimmst du die nächsten 20 Meter?"

•   ◎   ○   ▢   •

„Ist Ihr Wagen schon einmal gründlich überholt worden, Herr Müller?"
„Schon oft!", seufzt Herr Müller.
„Sogar schon von Fußgängern!"

Achim saust mit dem Fahrrad um die Ecke.
Beinahe fährt er eine alte Dame um. Die schimpft:
„Kannst du nicht klingeln?"
„Das schon, aber ich wollte Sie nicht erschrecken."

• ◎ o ◻ •

„Wie lange hält der Zug?", fragt ein Fahrgast
den frischgebackenen Schaffner.
„Oh, das haben wir bei unserer Ausbildung gar
nicht durchgenommen, aber bei guter Pflege
wird er schon so 20 bis 25 Jahre halten."

Freddy gibt mit
seinem neuen Auto an:
„Mit diesem Wagen fahre
ich mit 100 Sachen in die Kurve."
„Schon möglich", meint Ralf,
„aber sicher nur einmal!"

„Steffen, hast du den Wagen in die Garage gefahren?", fragt der Vater den Sohn, der gerade Führerschein gemacht hat. Zögerlich antwortet er: „Nicht ganz – aber die wichtigsten Teile!"

„Weshalb nimmst du denn dein Schwesterchen auf dem Fahrrad mit, wenn sie so fürchterlich brüllt?" „Weil meine Klingel kaputt ist", erklärt Axel.

Wilbur hat seinen gelben Kleinwagen rot spritzen lassen. „Warum hast du das gemacht?", fragt ihn sein Freund.
„Die Leute haben mir immer ihre Briefe eingeworfen", erklärt Wilbur.

Elias und Rosa rasen auf dem Moped mit 90 Sachen durch die Stadt. Da werden sie von einer Polizeistreife gestoppt. „Von einer Geschwindigkeitsbegrenzung auf 50-StundenKilometer haben die Herrschaften wohl noch nichts gehört?", donnert ein Polizist.

„Das schon", versucht Rosa den Polizisten zu besänftigen, „aber wir dachten, das wäre pro Person!"

Ulrike ist in den Semesterferien Taxifahrerin. Da kommt Siggi, lässt sich in die Polster fallen und sagt großspurig:

„Nun fahr schon los mit deiner Mistkarre!"

Aber Ulrike lässt sich nicht beeindrucken:

„Du musst mir schon erst noch verraten, wohin ich den Mist bringen soll."

„Dein Schutzblech klappert",
ruft der Polizist einem Jungen auf
dem Fahrrad zu. „Wie bitte?"
„Dein Schutzblech klappert!"
„Ich kann nichts verste-
hen – mein Schutz-
blech klappert."

Oskar rast mit dem klapprigen Auto durch die
Stadt. Nur mit Mühe kann die Polizei ihn stoppen.
„Warum fahren Sie so schnell?", fragt der Polizist.
„Ich muss möglichst rasch nach Hause",
erklärt Oskar, „meine Bremse funktioniert
nicht mehr richtig."

„Woran merken Sie, dass Sie sich in einer
Einbahnstraße befinden?", fragt der Fahrlehrer.
„Ich kann nur von hinten angefahren werden",
weiß Frederike.

Maria hat gerade Führerschein gemacht und fährt zum ersten Mal alleine im eigenen Auto. Aber schon bei der ersten Fahrt bleibt der Wagen plötzlich stehen. Der herbeigerufene Pannenhelfer erklärt: „Der Wagen hat nur kein Benzin mehr." Da fragt Maria: „Und wenn ich jetzt trotzdem weiterfahre, kann das dem Wagen schaden?"

Karl fährt mit dem Taxi zum Bahnhof. „Macht zwölf Euro!", sagt der Taxifahrer. Karl erschrickt, denn er hat nur noch acht Euro im Geldbeutel. Da kommt ihm die Erleuchtung: „Wissen Sie was? Fahren Sie mich doch bitte um vier Euro wieder zurück!"

„Heute habe ich 2 Euro gespart", erzählt
Thomas zu Hause. „Anstatt mit dem Bus
zu fahren, bin ich hinterhergelaufen."
Da sagt seine Schwester:
„Du hättest noch viel mehr sparen können,
wenn du einem Taxi hinterhergelaufen wärst."

Der junge Polizist stoppt hinter der Ampel
einen Rotlichtsünder. Als er am Steuer seinen
früheren Lehrer erkennt, meint er schmunzelnd:
„So, und jetzt schreiben Sie mal schön bis
morgen 500-mal: ‚Ich darf bei Rot nicht
über die Kreuzung fahren!'"

„Mein Wagen", gibt Alex an,
„fährt locker 150 Sachen in der Stunde."
„Mein Auto", gibt Mara zu,
„fährt nur 100 km/h, aber nicht,
weil der Motor zu schwach ist, sondern bloß,
weil die Stunde so kurz ist."

Siggi will den Führerschein machen
und besucht die Fahrstunde.
„Prägen Sie sich das fest ein",
doziert der Fahrlehrer,
„eine Einbahnstraße darf man nur
in einer Richtung befahren!"
„Was ist denn daran so außergewöhnlich?",
fragt Siggi. „Man fährt doch immer
nur in einer Richtung!"

„Ich kann mir kein Auto leisten, es ist viel
zu teuer für mich", erklärt Andreas der Freundin.
„Aber du hast doch ein Auto!"
„Daher weiß ich ja, dass es zu teuer für mich ist."

„Hat dein Fahrrad auch einen Namen?"
„Ja, es heißt Storch."
„Warum denn Storch?"
„Weil es so klappert!"

Sven besitzt erst seit Kurzem den Führerschein, doch schon baut er seinen ersten Unfall.

An die Versicherung schreibt er:

„Ich kam auf der glatten Fahrbahn ins Schleudern, überschlug mich dreimal und schoss einen steilen Abhang hinunter – dann verlor ich die Gewalt über den Wagen …"

Rainer macht seine erste Fahrt als Beifahrer eines Lastzuges. „So ein verdammtes Pech!", schimpft der Fahrer. „Diese Unterführung ist nur 3,40 m hoch, wir haben aber 3,60 m." „Macht nichts", erklärt Rainer. „Fahr ruhig durch; ich halte inzwischen die Augen offen, ob kein Polizist in der Nähe ist."

Ludger ist mit seinem Wagen in einen Verkehrsunfall verwickelt. Versöhnlich geht er auf den
Unfallgegner zu, streckt ihm die Hand entgegen
und bietet ihm einen kräftigen Schluck Cognac
zur Beruhigung an, was dieser gerne annimmt.
„Aber Sie selber sollten sich auch einen kräftigen
Beruhigungsschluck genehmigen", meint der andere.
„Ich mach das lieber erst nach der Blutprobe",
lehnt Ludger dankend ab.

Ulla ist zu schnell gefahren
und wird von der Polizei gestoppt.
„Sie sind zu schnell gefahren;
unsere Radarkontrolle hat
Sie fotografiert!"
„Um Gottes willen", entfährt es Ulla,
„musste das gerade heute sein,
wo ich nicht einmal geschminkt bin?!"

Elisa hat die Fahrprüfung bestanden
und den Führerschein erhalten.
„Nur eines ist mir nicht klar", fragt sie
bei der Verabschiedung den Fahrlehrer.
„Gießt man nun das Wasser und das
Benzin in dasselbe Loch?"

„Mein neues Motorrad", gibt Ole mächtig an,
„ist sagenhaft schnell. Wenn ich früh um
6.00 Uhr in Nürnberg wegfahre, bin ich
um 6.10 Uhr in Fürth."
„Oh, toll", sagt Ali, „so eins will ich auch!"
Nach einiger Zeit treffen sich die beiden wieder.
„Na, hast du dir auch so ein Motorrad gekauft?"
fragt Ole neugierig. „Nein", sagt Ali bedächtig,
„ich hab's mir überlegt. Was soll ich früh um
6.10 Uhr in Fürth?"

„Heute morgen bekam ich einen Strafzettel, weil ich bei Grün über die Ampel gefahren bin", berichtet die frischgebackene Führerscheinbesitzerin Mona am Familientisch.

„Aber das darf man doch", wundert sich ihr Vater.

„Ja, aber die Ampel kostet 8000 Euro", stellt Mona klar.

„Was fällt Ihnen denn ein?", schimpft ein Polizist mit einem Autofahrer, der mit seinem Kleinwagen auf dem Bürgersteig fährt. „Ach, das müssen Sie verstehen, mein kleines Auto hat immer so viel Angst vor den großen Autos auf der Straße!"

Stolz fährt Theo mit seinem Kleinstwagen an der Tankstelle vor. „2 Liter Benzin bitte!", verlangt er vom Tankwart. „Soll ich auch in die Reifen husten?", fragt der Tankwart trocken.

ÄRZTE-Witze

Geht ein Stummer zum Arzt und schreibt auf seine Tafel: „Ich kann nicht sprechen!" Sagt der Arzt: „OK, geben Sie mal Ihre Hand her!" Der Mann schiebt seine Hand hin, der Arzt nimmt einen Hammer und schlägt auf die Hand des Patienten. „Aaaaaaaaaahhh!" Daraufhin sagt der Arzt: „Gut, und morgen lernen wir den Buchstaben B."

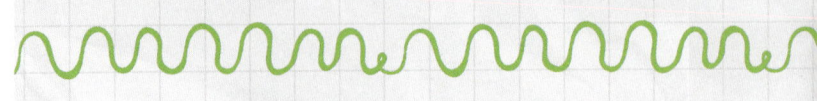

„Sind Sie wahn-
sinnig?", fährt der
Kriminalbeamte
seinen Zahnarzt
an. „Sie haben
ja den Falschen
erwischt!" „Na und",
entgegnet der Zahn-
arzt, „ist Ihnen das
noch nie passiert?"

Patientin: „Herr Doktor, mein Mann spricht
ständig im Schlaf. Was kann man dagegen tun?"
Arzt: „Lassen Sie ihn ab und zu tagsüber
zu Wort kommen."

„Sie sollten jeden Tag eine Stunde spazierengehen", rät der Arzt.
„Vor oder nach der Arbeit?"
„Was sind Sie denn von Beruf?" „Postbote!"

„Frau Schulze, Sie haben wirklich Glück gehabt! Nicht Ihr Puls, sondern meine Uhr ist stehengeblieben!", stürzte der Arzt in die Leichenhalle.

Sagt der Patient:
„Herr Doktor, ich sehe alles doppelt!"
„Dann drücken Sie ein Auge zu!"

ENTE GUT, ALLES GUT

GÄÄÄÄHN! HUUNGER!

JEMAND WAR HIER! ALLES IST DURCHWÜHLT UND GEPLÜNDERT!

NICHT EIN-SCHLAFEN! NICHT EIN-SCHLAFEN!

?

ENNO

ENTI

ENNA

ICH HABE VERSUCHT, IHN ZU ERWISCHEN, ABER ICH KONNTE EINFACH NICHT WACH BLEIBEN ... NICHT EIN EINZIGES MAL!

ICH HELFE DIR!

ES IST SCHON SPÄT!

WARTE! NICHT EINSCHLAFEN! WIR MÜSSEN WACH BLEIBEN!

... DA HABEN WIR DEN EINBRECHER!

Fragt der Arzt vorwurfsvoll:
„Müssen Sie denn so viel trinken?"
„Nein, ich trinke freiwillig!"

„Essen Sie zur Abmagerung zwei
Wochen lang zweimal täglich ein Steak",
rät der Arzt seinem Patienten.
„Vor oder nach den Mahlzeiten, Herr Doktor?"

„Keine Angst, es wird Ihnen nichts passieren",
sagt der Arzt. „Ich habe den Eingriff
schon fünfzig Mal gemacht."
„Dann kann ich also hoffen?", fragt der Patient.
„Klar. Einmal muss es ja funktionieren."

„Ich habe ständig ein Klingeln im Ohr,
Herr Doktor, was soll ich dagegen tun?"
„Hören Sie nicht hin!"

Der Arzt fragt seine Tochter:
„Hast du deinem Freund gesagt,
was ich von ihm halte?"
„Ja, Papa."
„Und was hat er darauf erwidert?"
„Das sei nicht deine erste Fehldiagnose."

Der Mann sitzt in der gefüllten Badewanne und
schimpft: „Eine blöde Sache mit dieser Medizin –
dreimal täglich 15 Tropfen im warmen Wasser
einnehmen!"

„Mir tut der Hals weh, die Lunge
und der Rücken, Herr Doktor.
Ich habe Kopf- und Gliederschmerzen.
Was fehlt mir bloß?"
„Nichts, Sie haben doch schon alles!"

„Warum ziehen die Chirurgen vor der Operation
Handschuhe an?", fragt Max.
„Damit sie keine Fingerabdrücke hinterlassen!",
antwortet der Vater.

Ein Cowboy liegt mit einem Indianerpfeil
im Rücken auf der Straße.
Fragt der Arzt: „Tut's weh?"
„Nein, nur wenn ich lache!", stöhnt der Cowboy.

Fragt Otto seinen Freund: „Wo finde ich einen Arzt, der mir preiswert für meine Versicherung bescheinigt, dass ich kerngesund bin?"

„Hm, melde dich doch zum Militär und versuch's beim Stabsarzt!", rät Karl.

„Herr Doktor, bitte kommen Sie schnell", ruft Herr Meier mitten in der Nacht aufgeregt ins Telefon. „Meiner Frau ist der Blinddarm geplatzt!"
„Ich habe doch im letzten Jahr Ihrer Frau den Blinddarm herausgenommen und man hat doch nur einen", beruhigt ihn der Arzt.
„Aber dass jemand eine zweite Frau hat, das gibt es doch!"

Ein Arzt, der die Gewohnheit hat,
ständig ‚wir' zu sagen, sagt zum Patienten:
„Also Magenschmerzen haben wir,
was machen wir denn da?"
„Am besten, wir suchen uns einen
anderen Arzt!", erwidert der Patient.

Seufzt ein Arzt: „Du, ich glaube, wir haben nicht
viele Freunde auf dieser Welt!"
„Ich glaube, im Jenseits noch viel weniger!",
erwidert ein anderer.

Ein weißer Arzt kommt auf einem
Fahrrad in ein afrikanisches Dorf.
„Faul sind diese Weißen! Die müssen
selbst dann noch sitzen, wenn sie laufen!",
wundert sich der Medizinmann.

Der Psychiater sagt zu dem neuen Patienten:
„Wo liegt denn Ihr Problem? Erzählen Sie
mal von Anfang an."
„Also … am Anfang, da schuf ich Himmel und Erde …!"

Egon hat Flohbisse. Der Arzt reibt ihn kräftig mit
Alkohol ein. Als Egon am nächsten Tag wiederkommt, fragt der Arzt: „Na, hat's geholfen?"
„Teils, teils, Herr Doktor. Einige Flöhe saßen heute
morgen auf der Bettkante und sangen: ‚Heute blau
und morgen blau …'"

„Wie viel Zeit bleibt mir noch?", fragt der Patient
den Arzt. Der antwortet: „Schwer zu sagen.
An Ihrer Stelle würde ich keinen Fortsetzungsroman
mehr anfangen!"

„warum stehen Sie denn mit einem Stock vor dem Bett?", fragt der Arzt.
„Sie haben mir doch verordnet, das Bett zu hüten!"

• ◎ ○ ▫ •

Stürzt ein Mann zum Psychiater: „Herr Doktor, überall Schmetterlinge, lauter Schmetterlinge", wedelt er mit den Armen. „Aber nicht alle zu mir rüber!", wedelt der Doktor zurück.

OOPS!

Fragt der Arzt den Patienten:
„Haben Sie meinen Rat befolgt und zwei Wochen lang bei geöffnetem Fenster geschlafen?"
„Ja, Herr Doktor."
„Und sind Sie Ihre Atemnot los?"
„Das nicht, aber meine Uhr und den gesamten Schmuck meiner Frau!"

„Sind Fische gesund, Herr Doktor?"
„Ich glaube schon, jedenfalls war noch keiner bei mir zur Behandlung."

„Sie sollten sich mehr in die Materie Ihres Berufes vertiefen, als sich ständig mit sich selbst zu beschäftigen!", rät der Arzt. „Das hat seine Gefahren, Herr Doktor! Ich bin Likörfabrikant!", gibt der Patient zu bedenken.

Arzt: „Vermeiden Sie ab sofort alles, was Sie aufregen könnte: Alkohol, Tabak, fettes Essen ..."
Patient: „Und bei dieser Verordnung soll ich mich nicht aufregen, Herr Doktor?"

„Das sieht nicht gut aus", meint der Arzt nach der Untersuchung. „Sie sollten jedes Mal, wenn Sie Lust auf einen Schnaps haben, eine Banane essen."
„Ich kann doch nicht 15 Bananen am Tag essen!", wundert sich der Patient.

„Mein Gedächtnis wird auch immer schlechter. Drei Sachen kann ich mir nicht mehr merken: Namen, Telefonnummern und ... Was war nur das Dritte?", beklagt sich die Patientin bei ihrem Arzt.

Ein Mann wird in eine Nervenheilanstalt eingeliefert, weil er sich für einen Hund hält. Nach langer Behandlung wird er als geheilt entlassen.
„Wie fühlen Sie sich jetzt?" fragt der Chefarzt bei der Verabschiedung.
„Prachtvoll, Herr Doktor", erwidert der Patient. „Fassen Sie doch mal meine Nase an: ganz kühl und feucht!"

Sagt der Patient:
„Herr Doktor, ich hab da ein Problem. Ich bin achtzig und laufe immer noch den Mädchen nach."
„Aber das macht doch nichts!"
„Na ja, ich laufe ihnen nach, aber ich weiß nicht mehr warum ..."

ENTE GUT, ALLES GUT

ENNO

ENTI

ENNA

JUHUUU!!!

HOLT MICH HIER RUNTER!

„Ich bin so voller Medikamente.
Immer, wenn ich niese,
wird jemand gesund!",
sagt der Kranke zum Arzt.

YEAH

Der Arzt sagt:
„Die Medizin müssen Sie in einem Zug nehmen!"
„Kein Problem, Herr Doktor, ich arbeite bei der
Bahn!", meint der Patient.

•   ◎   ○   ◻   •

„Herr Doktor, kein Mensch beachtet mich, was
soll ich nur tun?", fragt der Patient verzweifelt.
Sagt der Psychiater: „Der Nächste bitte!"

„Herr Doktor, es flimmert mir immer vor Augen. Kann man nichts dagegen tun?"

Der Arzt verschreibt eine Brille. Nach einiger Zeit kommt der Patient wieder.

„Na, hat's geholfen?"

„Ja, jetzt sehe ich es viel deutlicher flimmern."

Nach der Untersuchung stellt der Arzt auf Lateinisch die Diagnose.

„Ist es eine seltene Krankheit?", fragt der Patient ängstlich.

„Überhaupt nicht", antwortet der Arzt, „die Friedhöfe sind voll davon!"

Der Arzt war zur Jagd.
„Na, wie war's?",
fragt ihn danach seine Frau.
„Ganz gut. Drei Hasen und
sechs neue Patienten",
murmelt er.

Zwei Bazillen treffen sich.
„Du siehst aber schlecht
aus. Was hast du denn?"
„Penicillin."

„Alkohol verkürzt die Zeit des Lebens!",
gibt der Arzt zu bedenken.
„Wirklich! Wenn ich trinke, vergeht die
Zeit immer viel schneller!"

„Wenn Sie zur Untersuchung gehen,
können Sie sich da vorher nicht waschen?",
fragt der Arzt pikiert.
„Entschuldigen Sie, aber ich dachte,
es ist eine innere Krankheit!"

Auf der Straße trifft der Arzt seine Patientin.
„Ich habe Ihnen doch Bettruhe verordnet. Wollen
sie sich eine Lungenentzündung holen?"
„Nein, Herr Doktor, nur eine Tafel Schokolade!"

Der Arzt ist sehr zerstreut.
Als er zu Mittag das Huhn tranchieren will,
greift er zum Besteck und ruft:
„Narkose, bitte!"

Ein Psychiater beklagt sich:
„Ich weiß nicht mehr, was ich tun soll. Ein Patient
will mir jedes Mal die Zugspitze verkaufen."
„Dann kaufen Sie sie doch!"
„Das kann ich nicht, sie ist furchtbar teuer!"

Der Arzt fragt den Patienten:
„Warum möchten Sie
unbedingt, dass man Sie
nach dem Tode seziert?"
„Ich will wissen, woran ich
gestorben bin!"

„Tut mir leid", gesteht der Arzt,
„aber gegen Ihre Krankheit
bin ich machtlos. Die ist vererbt."
„Auch gut, Herr Doktor, dann
schicken Sie meinem Vater die
Rechnung!"

„Dass ich auf Englisch
träume, geht ja noch ...
aber jedes Mal dabei die deutschen Untertitel,
furchtbar!", sagt Herr Müller zum Psychiater.

„Herr Doktor, Sie müssen meinem Mann helfen.
Er bildet sich ein, dass er ein Fahrstuhl ist!"
„Gut, schicken Sie ihn her."
„Das geht nicht, Herr Doktor.
Auf ihrer Etage hält er nicht!"

„Immer beim Teetrinken habe ich
einen stechenden Schmerz im Auge!",
klagt der Patient.
„Vielleicht sollten Sie den Löffel
aus der Tasse nehmen ..."

„Haben Sie in Ihrer Familie einen Fall von
Geistesgestörtheit gehabt?",
fragt der Nervenarzt.
„Ja, meine Schwester hat letztes Jahr
einem Millionär einen Korb gegeben!"

Sagt der Chefarzt zum Assistenten:
„Sie haben in einer Woche schon drei Operationstische ruiniert! Schneiden Sie gefälligst nicht so tief!"

„Können Sie mir ein eisenhaltiges Abführmittel nennen?", fragt der Professor die Medizinstudenten.
„Ja, Handschellen!", antwortet ein Student.

Ein Arzt wird zu einem Patienten gerufen, dessen Tochter einen Bleistift verschluckt hat.
„Ich komme sofort", sagt der Arzt, „wissen Sie, wie Sie sich inzwischen verhalten müssen?"
„Klar", erwidert der Vater, „ich nehme solange einen Kugelschreiber."

Bei der Musterung.
„Nein, nein, mein Lieber, Ihre Kreislauf-
beschwerden werden nicht hinderlich sein ...
Bei uns wird geradeaus marschiert!"

Die Sprechstundenhilfe kommt ins
Wartezimmer: „Wo ist denn der Herr,
der einen neuen Verband haben wollte?"
„Der ist gegangen, die Wunde war
inzwischen zugeheilt!"

„Wie heißen Sie?", fragt der Psychiater
den Patienten. „Napoleon."
„Ich dachte, Margaret Thatcher!"
„Das war mein Mädchenname."

POLIZEI-
Witze

Ein Polizist steht in der Küche und versucht, eine Sardinenbüchse zu öffnen. Erst reißt er die Lasche ab. Dann verbeult er mit dem Büchsenöffner die Seitenwände und dann den Deckel. Schließlich nimmt der Polizist seinen Gummiknüppel, haut mehrfach auf die Büchse und schreit: „Aufmachen, Polizei!"

Ein Autofahrer wird von der Polizei gestoppt. „Was fällt Ihnen ein, 80 km in der Stunde zu fahren?" Grinst der Autofahrer: „Unmöglich, ich bin doch erst seit zehn Minuten unterwegs!"

„Parken ist für mich kein Problem. Nur der Krach dabei stört mich immer ein bisschen!", erzählt Max seiner Freundin.

„Blasen Sie in die Tüte!",
stoppt der Polizist den
Autofahrer.
„Warum?"
„Weil mir die Pommes
zu heiß sind!"

Endlich war es dem Polizisten
gelungen, den Autofahrer zu stoppen:
„Sie sind zu schnell gefahren!"
„Wieso, wollten Sie aufspringen?",
fragt der Autofahrer zurück.

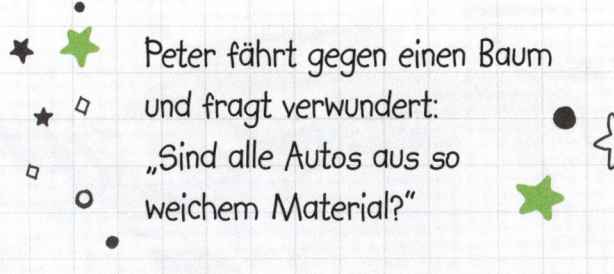

Peter fährt gegen einen Baum
und fragt verwundert:
„Sind alle Autos aus so
weichem Material?"

ENTE GUT, ALLES GUT

FÜR MICH? OH, ES IST WEIHNACHTEN!

OH, DANKE SCHÖN! VIELEN LIEBEN DANK! ICH DANKE DIR VON HERZEN!

„Ach, Herr Wachtmeister", flötet die Frau, als der Polizist mal wieder ihren Wagen stoppt, „wird es nicht allmählich langweilig, mir jeden Tag dasselbe zu sagen?"

Polizist:
„Würden Sie sich bitte einem Alkoholtest unterziehen?"
Fahrer: „In welcher Kneipe fangen wir denn an?"

Ein Polizist hält einen Mercedes an.
„Nehmen wir ihn mit?", fragt die Beifahrerin den Fahrer.

„Warum fahren Sie nur 40 km/h?", fragt der Polizist.
„Wenn Sie so viel getrunken hätten wie ich, würden Sie auch nicht schneller fahren!"

Der Polizist zum Autofahrer:
„Sie sind betrunken!"
Der erschrocken:
„Psst, meine Frau darf das nicht hören!"

Ein Polizist stoppt die Frau, die das
Stoppschild übersehen hatte:
„Wissen Sie, was dieses Schild da bedeutet?"
„Bedaure, aber da drüben ist eine Fahrschule,
da können Sie fragen!", erwidert die Dame.

„Bremsen, bremsen!", schreit der Ehemann.
Sie gibt Vollgas. Zwei Tage später wachen beide
im Krankenhaus auf. „Warum hast du nicht
gebremst?", fragt er. „Weil ich mich von dir
nicht anschreien lasse!"

„Ihr Nummernschild ist ja völlig unleserlich!",
bemängelt der Polizist.
„Aber das macht doch nichts. Ich kenn's doch
auswendig!"

●　◎　○　◻　●

Ein Polizist stoppt ein Auto, das mit
überhöhter Geschwindigkeit gefahren ist:
„Sieht aus, als hätten Sie es eilig!"
„Ach was. Steigen Sie ein,
ich nehme Sie gerne ein Stück mit."

●　◎　○　◻　●

Ein Polizist stoppt den Kleinwagen,
der sich alle zwanzig Meter vom
Boden abhebt und wieder auf
die Straße zurückfällt.
„Was ist los mit
Ihrem Wagen?"
„Nichts. Ich habe
Schluckauf!"

Ein Betrunkener wankt nachts über den Parkplatz und tastet alle Autodächer ab. „Was machen Sie denn da?", fragt ein Fußgänger. „Ich suche mein Auto." „Aber die Dächer sind doch alle gleich." „Aber auf meinem ist ein Blaulicht!"

Ein Polizist stoppt Karl, weil ihm dessen unsichere Fahrweise aufgefallen ist. „Was – hick – ich soll betrunken sein?", protestiert Karl. „Ihr seid mir vielleicht zwei Schelme!"

Ein Autofahrer meldet sich per Notrufsäule bei der Polizei: „Können Sie mir sagen, von wo aus ich anrufe? Ich habe mich total verfahren!"

„Ich verstehe nicht, warum die Polizei immer
predigt: Bei Trunkenheit – Hände weg vom Steuer!
Ich kenne niemanden, der besoffen gut fährt –
und dann noch freihändig?"

Der Autofahrer rast durch die Stadt.
Ein Polizist hält ihn an:
„Haben Sie das Schild mit der
Geschwindigkeitsbegrenzung nicht gelesen?"
„Was denn? Auch noch Lesen?
Bei diesem Tempo?"

Drei auf einem Motorrad. Ein Polizist hebt den
Arm, um sie zu stoppen. Ruft einer:
„Tut uns leid! Wir können keinen mehr mitnehmen!"

Ein Autofahrer erhält wegen stark überhöhter Geschwindigkeit einen Strafzettel.
„Ich werde ihn erst zu Hause lesen", sagt er zum Polizisten, „ich sehe nämlich ohne meine Brille fast nichts!"

Ein Autofahrer versucht einzuparken.
Zuerst stößt er an den vor ihm parkenden Wagen, dann knallt er gegen den hinteren.
„Verzeihen Sie den Hinweis, aber Sie sollten lieber Billard spielen!", rät ihm ein Polizist.

Der Polizist stoppt den Autofahrer:
„Na, dann pusten Sie mal!"
„Aber gern, wo tut's denn weh?",
fragt der Autofahrer.

Der Polizist schreibt den Fahrer
wegen Falschparkens auf:
„Das macht zehn Euro Strafe!"
„Können Sie mir wohl einen
Zwanzig-Euro-Schein wechseln?"
„Nein!"
„Macht nichts, morgen parke ich
sowieso wieder hier!"

„Haben Sie getrunken?",
stoppt der Polizist den Autofahrer.
„Ich trinke nie!"
„Und warum haben Sie eine
Salzstange im Mund?"
„Damit ich die Balance halte!"

Der Kriminalbeamte springt in ein langsam vorbeifahrendes Auto und schreit den Fahrer an: „Schnell, verfolgen Sie den Wagen da vorne!" „Das trifft sich gut, der schleppt mich nämlich gerade ab!", antwortet der Fahrer.

●　◎　○　◻　●

Polizist: „Wenn das Licht nicht funktioniert, müssen Sie aussteigen!" Autofahrer: „Hab ich auch schon versucht, aber es geht trotzdem nicht!"

●　◎　○　◻　●

In der Silvesternacht stoßen zwei Autos zusammen. Schon zückt der Polizist sein Notizbuch, da sagt der eine Fahrer: „Was wollen Sie denn – hick? Man wird doch wohl auf – hick – das neue Jahr anstoßen dürfen!"

„Sagen Sie, gibt es hier
schwarze Kühe?",
fragt der Autofahrer
den Polizisten.

„Sind Sie der Mann,
der den Kleinwagen
gestohlen hat?",
fragt der Polizist.

„Nein."

„Schwarze Pferde?"

„Nein."

„Schwarze Hunde?"

„Nein! Bitte, durchsuchen
Sie mich!"

„Nein."

„Dann hab ich eben den
Pfarrer überfahren ..."

Der Polizist stoppt den Autofahrer:
„Sie sind viel zu schnell gefahren!"
„Ach, deshalb sauste alles so an mir vorbei.
Und ich dachte schon, das liegt am Alkohol",
sagt der Autofahrer erleichtert.

Der Autofahrer soll in die Tüte pusten.
„Mach ich", sagt der, „aber ich warne Sie –
ich habe Knoblauch gegessen!"

Herr Schulze fährt mit seinem uralten
Wagen bei Rot über eine Kreuzung.
„90 Euro!", stoppt ihn ein Polizist.
„Gut, er gehört Ihnen!",
sagt Herr Schulze und steigt aus.

Der Polizist stoppt die Fahrerin, die in der falschen
Richtung in die Einbahnstraße gefahren ist.
„Wissen Sie, warum ich Sie gestoppt habe?"
„Lassen Sie mich raten – einsam?", lächelt sie.

„Wenn Sie schon bei Rot-
licht statt bei Grünlicht
über die Kreuzung fahren,
achten Sie wenigstens auf
das Blaulicht!", sagt der
wütende Polizist zum
Autofahrer.

Ein Snob ist ein Mann, der mit dem
Auto bei Rot über die Kreuzung fährt,
beim Polizisten hält und sagt:
„Zahlen, bitte!"

„Gefällt Ihnen unsere Farbe nicht?" fragt der
Polizist die Autofahrerin, die nach der dritten
Grünphase immer noch vor der Kreuzung steht.

•   ◎   o   ▱   •

Dieter steht mit seinem Kleinstwagen
auf der Kreuzung.
„Warum fahren Sie nicht weiter?"
fragt der Polizist.
„Das geht nicht. Ich klebe auf einem Kaugummi!",
jammert Dieter.

•   ◎   o   ▱   •

Ein Polizist hält Egon an:
    „Ihren Führerschein, bitte!"
        „Entschuldigung, aber ich fahre
        inkognito", antwortet Egon
        geistesgegenwärtig.

„Du willst dein Auto verkaufen?"
„Ja. Es ist mir nicht mehr gut genug. Jedes Mal, wenn ich irgendwo parke, fragt mich gleich ein Polizist, ob ich den Unfall schon gemeldet hätte!"

„Ich möchte gern mal Ihren Führerschein sehen", sagt der Polizist.
„Sie wollen Polizist sein und haben noch nicht mal einen Führerschein gesehen?", wundert sich der Autofahrer.

„Immer diese Frage nach meinem Führerschein!"
„Haben Sie ihn oder nicht?"
„Wie soll ich ihn haben, wenn die Polizei ihn mir immer abnimmt!"

Der Bus ist gegen einen Baum geprallt.
„Wie konnte das nur passieren?",
will der Polizist wissen. „Weiß ich nicht",
antwortet der Fahrer,
„ich kassierte gerade hinten im Wagen,
als es passierte ..."

Das belgische Auto hält neben dem Polizisten.
„Ich suche einen Parkplatz", sagt der Fahrer.
„Und deshalb kommen Sie extra aus Belgien?",
wundert sich der Polizist.

„Weshalb strecken Sie die Hand links raus,
wenn Sie rechts abbiegen wollen?",
stoppt der Polizist ein Auto.
„Weil ich Linkshänder bin!"

Der Autofahrer wird abends gestoppt: „Sie können doch nicht ohne Licht fahren!"
„Wissen Sie, das macht nichts. Ohne Brille kann ich sowieso nichts sehen!"

„Sie können doch nicht den Dieb und Ihr gestohlenes Auto zu Fuß einholen, Herr Müller", sagt der Polizist.
„Na, da kennen Sie mein Auto aber schlecht!"

„Es ist grün", sagt der Polizist zum Mann im Auto, „was wollen Sie mehr?"
„Wenn Sie mich so fragen", seufzt er, „nur ein wenig Benzin ..."

Polizist: „Ihr Licht ist nicht in Ordnung!
Das macht zwanzig Euro."
Fahrer: „Ok, meine Werkstatt wollte
für die gleiche Reparatur fünfzig
haben ..."

Ein Mann kommt auf die Polizei-
wache und sagt: „Gerade, als ich
aus dem Kino kam, sah ich, wie
jemand mit meinem Wagen davon-
fuhr, aber zum Glück konnte ich mir die
Autonummer notieren!"

Verkehrskontrolle. Der Polizist verlangt den
Führerschein von Birgit.
„Ich brauche ihn aber gleich zurück", bittet sie,
„er gehört nämlich meiner Schwester!"

„Sie sind die ganze Zeit Schlangenlinie gefahren!",
stoppt der Polizist den Autofahrer.
„Sollte ich etwa die vielen weißen Mäuse überfahren?"

„Wir haben Sie gerade bei einer Geschwindig-
keits-Überschreitung fotografiert",
sagt der Polizist.
„Wenn's was geworden ist, schicken Sie mir doch
bitte zwei Abzüge", freut sich Levin.

Ein Polizist stoppt den Autofahrer:
„Sie sind eben in der falschen Richtung
durch die Einbahnstraße gefahren!"
„Warum muss das mein Fehler sein?",
sagt der. „Vielleicht haben Ihre Kollegen
das Schild falsch aufgestellt?"

Auf dem Polizeirevier klingelt das Telefon.
„Ist dort die Polizei?"
„Ja."
„Dann bleiben Sie bitte, wo Sie sind,
sonst bin ich meinen Führerschein los!"

Der Polizist stoppt einen Wagen und fragt
den Fahrer: „Haben Sie einen Führerschein?"
„Ja", sagt der Fahrer. „Muss ich ihn vorzeigen?"
„Danke, nicht nötig. Wenn sie keinen gehabt
hätten, dann hätten sie ihn vorzeigen müssen."

„Sie können doch nicht bei Rot über
die Straße gehen. Sind Sie denn von Sinnen?"
„Nee, von Hamburg!"

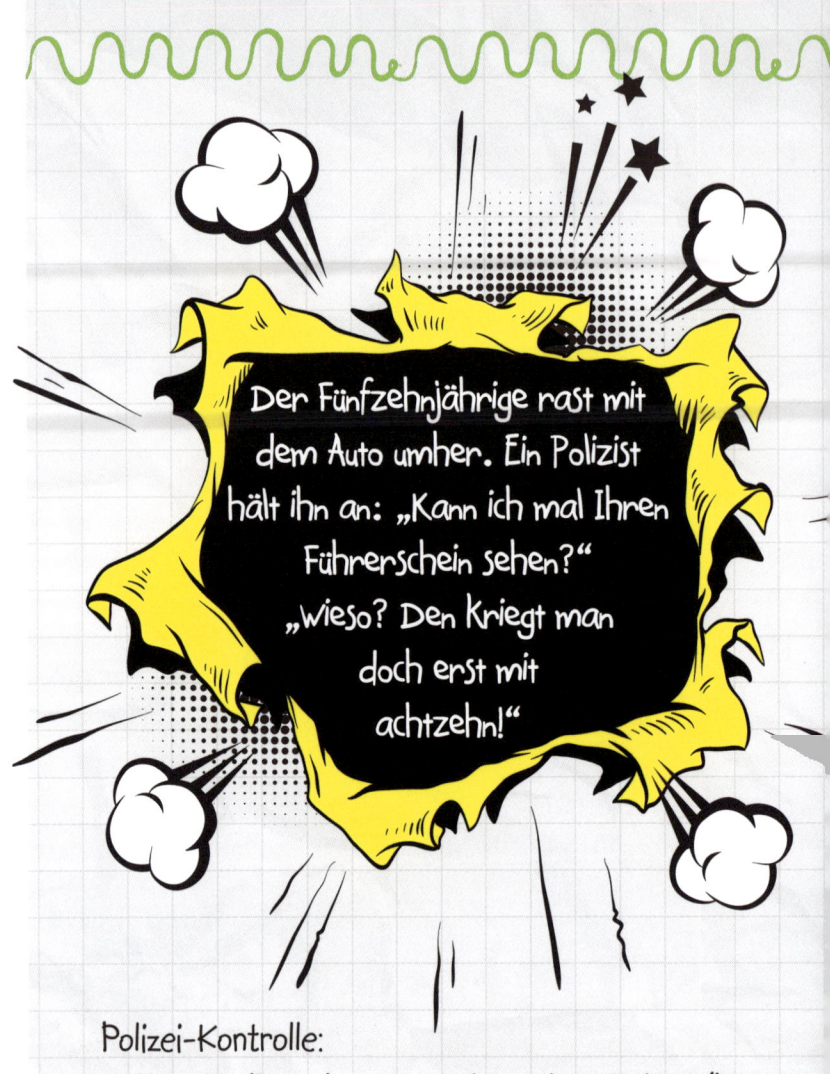

Der Fünfzehnjährige rast mit dem Auto umher. Ein Polizist hält ihn an: „Kann ich mal Ihren Führerschein sehen?"
„Wieso? Den kriegt man doch erst mit achtzehn!"

Polizei-Kontrolle:

„Mit zehn Euro kommen Sie noch gut davon", nickt der Polizeibeamte dem Autofahrer zu.

„Ich weiß", strahlt er.

„Ihr Kollege hat mir vor wenigen Stunden dafür den Führerschein abgenommen!"

„Dieter hat sich selbst ein Auto gebaut:
Motor von BMW, Kühler von Opel,
Heck von VW und die Sitze von Mercedes."
„Und was ist dabei dann herausgekommen?"
„Zehn Monate wegen Diebstahls!"

Ein hübsches Mädchen radelt bei Rot über die
Kreuzung. Der Verkehrspolizist pfeift mehrmals
und läuft schließlich hinter ihr her.
Endlich hält das Mädchen an.
„Sagen Sie mal",
keucht der Polizist atemlos,
„haben Sie mein Pfeifen
nicht gehört?"
„Doch, klar",
erwidert das
Mädchen,
„aber ich
habe doch
schon eine
Verabredung!"

KNIRPS-Witze

Der 5-jährige Sven hat noch nie ein einziges Wort gesprochen. Eines Tages sagt er am Mittagstisch: „Es fehlt Salz in der Suppe." Erschrocken schauen sich die Eltern an. Dann fragt die Mutter mit zittriger Stimme: „Sven, warum hast du denn die ganze Zeit nichts gesagt? Wir waren ja voller Sorge." Darauf Sven: „Warum sollte ich? Bis jetzt war das Essen doch in Ordnung."

Sagt der Vater zum Sohn, als er das Haus verlässt: „Und dass du mir keine Streichhölzer anrührst."

„Keine Sorge, Papa, ich hab doch mein Feuerzeug!", antwortet Fridolin.

Vater und Sohn im Museum. „Warum setzen alle Maler ihren Namen unten auf ihre Bilder?", fragt der Sohn.

„Damit jeder weiß, wie man das Bild aufhängen muss", erwidert der Vater.

Der Sohn schreibt eine Karte aus dem Ferienlager: „Liebe Mama, lieber Papa, das Wetter ist sehr schön, das Essen ist prima, mir geht es gut, macht euch keine Sorgen. Was ist eine Epidemie? Tschüss – Euer Max!"

Bat der Sohn:
„Bitte, Mama, heute keinen Lebertran.
Wir haben doch Sportfest – und nachher heißt es,
ich sei gedopt gewesen ..."

Die Mutter erzählt über Tierkreiszeichen.
„Was bin ich?", erkundigt sich der kleine Klaus.
„Zwilling."
„Dann gib mir noch ein Stück Kuchen für den
anderen!"

„Weißt du, wohin die Kinder kommen,
die das Geld nicht in die Sammelbüchse
beim Kindergottesdienst stecken, sondern selber
verbrauchen?", droht die Mutter.
„Ja, ins Kino!", antwortet der Sohn.

ENTE GUT, ALLES GUT!

ICH LIEBE DIE BERGE. WELCHE TOUR IST DENN FÜR HEUTE GEPLANT?

DER HÖCHSTE GIPFEL IN DIESER GEGEND ... DER HERRLICHSTE AUSBLICK IN GANZ EUROPA!

WOW!!

OH NEIN! NOCH WEITER KLETTERN! DAS SCHAFFE ICH NICHT ... ICH GEBE AUF!

„Wie hat dir denn der Besuch im Zoo gefallen?",
fragt der Vater.
„Prima, da laufen ja alle Schimpfwörter
lebendig herum!"

Valentin fragt seinen neuen Freund:
„Hast du ein Foto von deinen Zwillingsbrüdern?"
„Ja, hier."
„Aber da ist doch nur einer drauf!"
„Der andere sieht genauso aus."

Der Chemielehrer kommt nach Hause.
Seine Frau erzählt ihm freudestrahlend:
„Unser Kind hat heute das erste Wort
gesprochen!"
„Was denn?"
„Metholmenzylaminonatronchlorid!"

Lasse fällt das Barometer aus der Hand und zerbricht. „Was hast du denn nun wieder angestellt?", fragt die Mutter.

„Nicht so schlimm", tröstet sie ihr Sohn. „Nun müssen wir eben das Wetter nehmen, das morgen kommt."

„Frag mal deinen Vater, ob er einen Hosenträger kaufen will."

„Das glaube ich nicht. Mein Vater, mein Bruder und ich tragen unsere Hosen selber!"

Vater und Sohn stehen im Zoo vor dem Affenkäfig. Fragt der Sohn: „Papa, stimmt es eigentlich, dass wir vom Affen abstammen?"
Der Vater erbost: „Du vielleicht, du Bengel! Ich nicht."

Morgens, der Zoo ist noch leer.
„Papa, warum macht der Geier
so ein dämliches Gesicht?"
„Weil noch kein Aas da ist!"

Kevin hat verschlafen
und rennt zur Schule.
„Lieber Gott, lass mich nicht zu spät
kommen!", betet er unterwegs.
Plötzlich stolpert er.
„Vom Schubsen war aber keine
Rede!" rappelt er sich wieder auf.

„Kriegen Giraffen Halsschmerzen,
wenn sie nasse Füße bekommen?", fragt Maren.
„Ja, aber erst ein Vierteljahr später!"
antwortet der Vater.

Beim Zeitunglesen. Susi fragt ihre Mutter:
„Ist der liebe Gott krank?"
„Wieso?"
„Hier steht: ‚Der liebe Gott hat Herrn Dr. Schulze zu sich gerufen.'"

„Zwei Wörter möchte ich nicht mehr hören",
schimpft die Mutter.
„Das eine ist, ‚zum Kotzen' und
das andere ‚saublöd'!"
„Gut, Mama,
wie heißen die Wörter?"

Ein Student
schickt seinen
Eltern eine SMS:
„Wo bleibt das
Geld?"
„Hier",
schreibt der
Vater zurück.

„Wogegen bist du
heute geimpft worden?",
fragt der Onkel den
kleinen Ali.
„Gegen meinen Willen!"

„Mama, stimmt es, dass die Toten wieder zu Staub werden?", fragt der kleine Sohn.

„Ja, das stimmt."

„Dann komm schnell! Ich glaube, unter meinem Bett hat sich jemand umgebracht!"

„Oh, was für ein schöner Blumenstrauß", freut sich die Oma.

„Solche Blumen habe ich auch in meinem Garten."

„Hattest du, Oma ..."

„Papa, ich muss dich gleich mal unter drei Augen sprechen."

„Du meinst wohl unter vier?"

„Nee, du musst mal wieder ein Auge zudrücken!"

„Bevor ich heiratete, hatte ich vier Theorien über Kindererziehung. Jetzt habe ich vier Kinder und keine Theorie", erzählt der leidgeprüfte Vater.

Leon betet für seine kleine Schwester, die Windpocken hat:
„Lieber Gott, mach sie bald wieder gesund. Aber geh nicht zu nah an sie ran!"

„Ich muss dir wohl helfen", sagt Herr Schulze zu dem Kleinen, der vergeblich versucht, den Klingelknopf zu erreichen, und klingelt. Freut sich der Junge:
„Toll, und jetzt nichts wie weg hier!"

„Fritz, man bohrt nicht mit dem
kleinen Finger in der Nase",
tadelt die Mutter.
„Merk dir das!"
„Welchen Finger nimmt
man denn, Mama?"

•   ◎   o   ◻   •

Die Tante kommt zu Besuch.
„Na", fragt sie, „Kennt ihr mich noch?"
„Na klar, du hast uns doch beim letzten Mal
auch nichts mitgebracht", antwortet Lukas.

•   ◎   o   ◻   •

Penelope hat starke Zahnschmerzen
und heult. Ihre Oma tröstet sie.
„Du hast gut reden", jammert Penelope,
„wenn dir die Zähne weh tun, nimmst du
sie raus und legst sie in ein Wasserglas!"

Nils bewundert die neugeborenen Drillinge.
„Gehören die alle uns oder ist das eine
Auswahlsendung?", fragt er dann.

•   ◎   o   ◻   •

Als die kleine Edda zum Geigenunterricht
kommt, findet sie eine Maschinenpistole
in ihrem Geigenkasten.
„Ach, du lieber Himmel!", murmelt sie.
„Und jetzt steht Papa mit meiner
Geige in der Bank ..."

•   ◎   o   ◻   •

„Wann bin ich geboren, Mama?",
fragt Patrick. „Am 4. August,
mein Junge."
„So ein Zufall, genau an
meinem Geburtstag!"

DER NEUE HUT

„Eltern sind seltsam. Erst bringen sie einem
das Reden bei und wenn man es endlich kann,
verbieten sie einem den Mund!", seufzt Sophie.

„Hast du dem Papagei die Schimpfwörter
beigebracht?", fragt die Mutter.
„Im Gegenteil, ich habe ihm gesagt,
was man nicht sagen darf!"

„Ich will aber gar nicht
nach England, Mama!"
„Sei ruhig und
schwimm weiter!"

„Hast du noch Geschwister?"
„Nein, ich bin alle Kinder,
die wir haben."

„Der liebe Gott muss aber verliebt gewesen sein, als er die Erde schuf. Das Meer ist ganz versalzen!", rief Susanne nach ihrem ersten Bad im Meer.

Die kleine Tina zeigt ihrer Mutter ein Bild: „Guck mal, ich habe den lieben Gott gemalt!" „Aber wir wissen doch gar nicht, wie er aussieht." „Jetzt wisst ihr es!"

Es hat Zeugnisse gegeben. „Unser Lehrer beschwert sich immer über meine Schrift. Und nun guck mal, wie er schreibt. Die Einsen sehen alle aus wie Vieren!", sagt Klaus zu seinem Vater, als er sein Zeugnis zeigt.

Paul lässt in der Wohnung seines Onkels eine
große Vase fallen. Der Onkel wird blass und sagt:
„Die war aus dem 17. Jahrhundert!"
Darauf Paul erleichtert: „Gott sei Dank,
ich dachte schon, sie sei neu."

„So geht das nicht, Dieter", schimpft die
Mutter. „Entweder isst du leiser oder ich
muss den Fernseher lauter stellen!"

Ida hat zu Hause 30 Euro gefunden,
gibt sie ihrem Vater und sagt:
„Ich möchte aber zehn Prozent Finderlohn."
„Kommt nicht in Frage, fünf Euro kriegst du,
und damit basta!", antwortet der Vater.

„Du, Papa, wie hat es Gott eigentlich geschafft, die Welt in sechs Tagen zu erschaffen?", fragt Peter. „Er war nicht auf Handwerker angewiesen!"

● ◎ ○ ◻ ●

Zeugnisvergabe. Strahlend kommt der Sohn des Fußballtrainers nach Hause. „Stell dir vor, Papa, die haben meinen Vertrag mit der dritten Klasse um ein Jahr verlängert!", freut er sich.

● ◎ ○ ◻ ●

Peter begleitet seinen Vater zum ersten Mal zum Angeln. Stundenlang sitzen die beiden da. Kein Fisch beißt an. „Sag mal, Papa, meinst du nicht, dass Fischstäbchen praktischer sind?", flüstert Peter schließlich.

Der vierjährige Sven geht
spät ins Bett und soll noch beten.
Skeptisch sieht er die
Mutter an und meint:
„Das hat doch keinen Sinn.
Im Himmel ist keiner
mehr wach!"

Eines Tages kommt Tante Frieda zu Besuch. Vorn
am Ausschnitt ihres Kleides trägt sie eine große
Brosche mit dunkelroten, glitzernden Steinen.
Fabian betrachtet die Brosche erstaunt und fragt
dann: „Sag mal, Tante Frieda, warum trägst du
deinen Rückstrahler vorn?"

Knut ist mit seinen Eltern zum Essen eingeladen.
Er hat sich schon zum dritten Mal den
Teller am kalten Büfett gefüllt.
„Knut", sagt die Mutter schließlich,
„nun hör mit dem Essen auf! Was sollen
denn die Leute von dir denken?"
„Wieso denn von mir, Mama?
Ich sage doch immer, es ist für dich!"

„Papa, was ist ein Vakuum?"
„Junge, ich hab's im Kopf, aber ich komm nicht drauf!"

Alina ist zum ersten Mal auf dem Land.
Sie sieht der Bäuerin zu, die ein Huhn rupft.
„Ziehst du die Hühner jeden Abend aus?",
fragt sie schließlich.

Anita macht zum ersten Mal Ferien an der See.
Als sie einen Dampfer sieht, sagt sie aufgeregt:
„Papa, sieh mal, dort badet eine Lokomotive!"

„Ich habe im Esszimmer die Leiter
umgeworfen, Mama!"
„Das macht nichts. Sag Vater, er soll sie
wieder aufstellen!"
„Aber das geht doch nicht, Mama.
Papa hängt am Kronleuchter!"

Ines lernt Reiten. Das Pferd trabt los.
Ines rutscht aus dem Sattel immer weiter
nach hinten. Nun galoppiert das Pferd
und sie rutscht weiter bis zum Schweif.
„Schnell, ein anderes Pferd,
das hier ist zu Ende!", schreit sie da.

279

Sohn: „Gibt es tatsächlich fliegende Fische ...?"
Vater: „Kannst du es den Fischen bei der
Verschmutzung unserer Gewässer verdenken?"

Die Mutter kommt nach Hause und fragt
Selina: „Ist jemand gekommen?"
„Ja."
„Wer?"
„Du."
„Nein, ich meine, ob jemand hier war?"
„Ja."
„Wer?"
„Ich!"

Mia sieht immer zu, wie ihr kleiner Bruder
gewickelt wird. Einmal vergisst die
Mutter das Puder. „Halt!",
schreit Mia. „Du hast
vergessen, ihn zu salzen."

„Silvia, warum bewundern wir heute
noch die alten Römer?"
„Weil sie fließend Latein sprachen."

•   ⊚   ○   ▢   •

„Du bist aber wirklich zu nichts zu gebrauchen!",
schimpft die Mutter.
„O doch – in der Schule diene ich
immer als abschreckendes Beispiel!"

•   ⊚   ○   ▢   •

„Papa", sagt Justus, „erzähle Mama
bitte nicht, dass ich für sie Schokolade
zu Weihnachten gekauft habe."
„Kein Wort. Du willst sie wohl überraschen?"
„Nein, ich habe sie aufgegessen."

„Wenn du versetzt wirst, machen wir eine schöne
Reise", sagt der Vater zu seinem Sohn.
„Ach, Papa, zu Hause ist es doch auch ganz schön!"

„Was machst du da im Gemüsebeet?" fragt Peter.
„Ich ziehe Unkraut", erwidert die Mutter.
„Ach, ich dachte immer,
das wächst von ganz allein ...!"

Paulina öffnet das Frühstücksei,
dabei läuft der Dotter heraus.
„Warum müssen die Hühner die Eier immer
so voll machen?", schimpft sie.

Nick wurde von seiner Mutter ausgeschimpft.
„Was ist denn los?", fragt ihn der Vater.
„Ach, nichts, ich hatte bloß Streit mit ...
deiner Frau!"

Fragt der Vater: „Na, wie war die Prüfung?"
„Gut. Der Prüfer war freundlich und fromm",
antwortet Jule.
„Fromm?"
„Ja, bei jeder Antwort sagte er: ‚Mein Gott!' "

„Dein Zeugnis lässt zu wünschen übrig!",
schimpft der Vater.
„Gut, dann wünsche ich mir ein Fahrrad!",
freut sich der Sohn.

Lars hat Ärger mit seiner Mutter. Wütend wirft er sich auf den Fußboden und schreit: „Hätte ich dich doch nie kennengelernt!"

Timo und Robin liegen noch im Bett. „Noch drei Minuten", sagt Robin voller Hoffnung. „Wenn sie uns dann nicht wecken, kommen wir zu spät in die Schule!"

„Ich habe gehört, dass Daniel Windpocken hat. Darf ich reinkommen und mich bei ihm anstecken?", fragt Ole die Mutter seines Freundes.

„Das ist mein Stammhalter.
Er soll dafür sorgen,
dass unser Name
nicht ausstirbt!"
„Wie heißen Sie denn?"
„Schulze."

„Papa, wo liegen
die Bahamas?"
„Weiß ich nicht.
Deine Mutter hat
wohl wieder alles
weggeräumt!"

Charlotte hat Krach mit ihrem Vater.
Wütend rennt sie zu ihrer Mutter:
„Sag mal, war das wirklich der einzige Mann,
den du kriegen konntest?"

„David, jetzt rufe ich bereits zum dritten
Mal nach dir. Was soll nur aus dir werden,
wenn du groß bist?"
„Kellner, Mama!"

ENTE GUT, ALLES GUT

ENNO

ENTI

ENNA

KLOPF
KLOPF

o Sooo!

DIESE IGNO-
RANTEN! ICH
MUSS WEIT
WEG VON
DIESEN KUNST-
BANAUSEN!

DAS IST EINE VERSCHWÖRUNG!
ICH BIN TALENTIERT, DAS
WEISS ICH ZU 100 ⚡!

„Um acht machen meine Eltern den Fernseher aus", erzählt Max.
„Und dann?"
„Dann gehe ich schnell in mein Zimmer und schalte meinen eigenen an!"

* ◎ ○ ◻ •

„Irgendwas kann an der Geschichte mit den Störchen nicht stimmen", wundert sich Sebastian.
„Die Störche ziehen doch im Herbst weg und ich bin im Dezember geboren!"

• ◎ ○ ◻ •

„Was meinst du, Papa, woran es bei mir liegen könnte – Erbfaktor oder Umwelteinflüsse?", fragt Nils, als er dem Vater sein schlechtes Zeugnis zeigt.

„Und nun", sagt der Weihnachtsmann mit tiefer Stimme, „wirst du immer schön brav sein, Stefan, nicht wahr?"
„Ja, Papa!"

●   ◉   ○   ◻   ●

„Bruno, du hast mir doch fest versprochen, um 18 Uhr vom Fußballspielen zurück zu sein, und ich hatte dir einen Abzug vom Taschengeld versprochen, wenn du nicht pünktlich sein würdest."
„Papa, einigen wir uns: Ich hab mein Versprechen nicht gehalten, also hältst du deins auch nicht!"

●   ◉   ○   ◻   ●

„Vater, du siehst aus wie ein Löwe!"
„Aber, Junge, du hast ja noch nie einen Löwen gesehen!"
„Doch, Bauer Müller hat einen!"
„Ach, Junge, das ist doch ein Esel!"
„Na eben!"

Danny reicht seiner Oma ein saures Bonbon.
Die Großmutter steckt es dankend in den Mund.
„Oma, schmeckt dir dieses Bonbon?"
Oma lutscht mit Kennermiene und sagt:
„Ausgezeichnet! Dieses Bonbon schmeckt
wirklich gut, Danny!"
Erwidert Danny: „Das verstehe ich nicht.
Unser Dackel Waldi hat ihn wieder ausgespuckt!"

Theodor sitzt über seinen Schularbeiten; Vater
liest die Zeitung. Nach einiger Zeit unterbricht
Theodor den Vater bei seiner Lektüre und fragt:
„Papa, wie wird denn ‚Gewehr' geschrieben?"
„Das kann ich dir genau sagen. Gewehr wird mit
ä, nein, ohne ... äh, sag mal: Was für ein Gewehr
meinst du überhaupt?"
„Na, eins zum Schießen!"
Vater überlegt. Dann sagt er: „Ach, weißt du,
schreib doch einfach Flinte. Da weiß ich genau,
das wird mit V geschrieben."

„Mama, ich kenne ein gutes Rezept für einen Kuchen: nimm ¼ Mehl, ¼ Zucker, ¼ Milch, ¼ Butter und ¼ Kakaopulver."

„Aber, Lisa, das sind ja fünf Viertel!"

„Ach so! Ja, dann nimm doch eine größere Schüssel."

„Papa, gibst du mir einen Euro?"

„Wofür denn, Adrian?"

„Ich hab die Kühe unseres Nachbarn aus unserem Garten getrieben!"

„Und dafür willst du gleich einen Euro haben?"

„Ich hab sie vorher gemolken!"

„Mama, das Barometer ist gefallen."

„So? Viel?"

„Bis auf die Erde!"

„Tante Marga, ich möchte dich etwas fragen, darf ich?"

„Frag nur, mein Junge!"

„Wirst du auch nicht böse, Tante?"

„Aber nein, Florian!"

„Tante Marga, gehörst du wirklich zum schönen Geschlecht?"

Oma hat sich die Haare ganz kurz schneiden lassen. „Oma, du siehst jetzt gar nicht mehr wie eine alte Frau aus", sagt der kleine Jörg. Oma freut sich und fragt geschmeichelt: „Na, wie sehe ich denn jetzt aus?"

„Wie ein alter Mann."

„Warum hast du deinen kleinen
Bruder angeschrien?"
„Er hat die Tinte ausgetrunken.
Und hinterher wollte er das
Löschblatt nicht runterschlucken!"

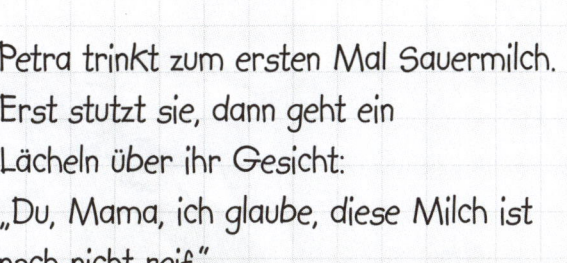

„Mama, bin ich froh,
dass ich nicht dein
fünftes Kind bin."
„Warum, mein Kleines?"
„Die Lehrerin hat heute
gesagt: Jedes fünfte Kind,
das geboren wird, ist ein Chinese!"

Petra trinkt zum ersten Mal Sauermilch.
Erst stutzt sie, dann geht ein
Lächeln über ihr Gesicht:
„Du, Mama, ich glaube, diese Milch ist
noch nicht reif."

Die Familie ist bei der Tante zur Geburtstagsfeier eingeladen. Annika ist noch in ihrem Zimmer. Sie schminkt sich. Dabei ist es bereits höchste Zeit zum Aufbruch. „Na", sagt der Vater zu Kevin, „schau mal nach, ob Annika noch immer beim Anstreichen ist." Kevin flitzt los und kommt sichtlich erleichtert zurück: „Es dauert nicht mehr lange; das Anstreichen ist erledigt. Sie ist schon beim Lackieren."

Der Großvater der Nachbarfamilie ist Hobby-maler. Er porträtiert die ganze Familie. Sandra hat die „Kunstwerke" bewundert und sagt nun zu ihrer Mutter: „Mama, die Erlers von nebenan sind doch nicht so reich, wie sie immer tun. Die besitzen noch nicht mal einen Fotoapparat, und darum hat der Opa sie alle miteinander gemalt!"

„Ich habe heute Nacht geträumt, dass ich auf einem großen Schiff fuhr und plötzlich ins Wasser fiel", berichtet der kleine Jan seiner Mama. „Muss ich mich jetzt trotzdem waschen?"

Nadja benutzt Mamas Puderdose. Jan kommt hinzu und bettelt: „Lass mich auch mal probieren!" „Nein, kommt nicht in Frage; Jungen müssen sich waschen!"

Tom kommt nach Hause: „Du, Mama, unsere Nachbarn müssen sehr arm sein. Ihr Kleiner Andi hat ein Eurostück verschluckt und jetzt sind sie alle ganz aufgeregt und wollen das Geldstück unbedingt wieder raus haben!"

Ein Mann holt die **Katze seiner Tochter** vom Tierarzt ab. Zu Hause berichtet er: „Es scheint ihr überhaupt nicht gefallen zu haben. Sie hat den ganzen Heimweg **miaut**, als ob sie mir etwas sagen wollte."
„Da kannst du recht haben, Papa. Sie wollte dir sicher erzählen, dass du die **falsche Katze mitgenommen** hast!"

„Hören Sie mal, Frau Krause,
Ihr Sohn hat einen Stein nach mir geworfen."
„So, und wo hat er Sie getroffen?"
„Getroffen hat er mich zum Glück nicht."
„So? Dann war es nicht mein Junge!"

Der Salat schmeckt heute merkwürdig.
Mama ist misstrauisch und fragt Selina:
„Hast du den Salat auch richtig gewaschen?"
„Klar!", antwortet Selina stolz.
„Ich habe sogar die neue Waschseife mit
Zitronenfrische dafür genommen."

„Du, Papa! Weißt du, ob Fische auch
schlafen wie wir Menschen?"
„Natürlich", weiß der Papa Bescheid.
„Wozu, glaubst du denn, gibt es ein Flussbett?"

„Ihr Baby hat sich tapfer gehalten", lobt der Pfarrer nach der Taufe.
„Kein Wunder", erwidert der stolze Vater,
„wir haben eine Woche lang mit der Gießkanne geprobt."

Bei einem jungen Ehepaar:
Sie: „Matthias, soll ich unserm Benni was vorsingen, damit er endlich einschläft? Was meinst du?"
Er: „Nein, Brigitte, wir versuchen's erst noch mal im Guten!"

Andreas sitzt am Dorfteich und hält eine Angel in der Hand. „Hast du schon etwas geangelt?", fragt sein Vater, der zufällig vorbeikommt. Meint Andreas wichtig: „Ich angle gar nicht, Papa. Ich probiere nur aus, ob deine neue Armbanduhr wirklich wasserdicht ist."

Bruder: „Sag mal, welches Datum haben wir heute?"

Schwester: „Ich habe keine Ahnung. Aber drüben auf dem Tisch liegt eine Zeitung. Schau mal nach!"

Bruder: „Hat keinen Zweck."

Schwester: „Warum nicht?"

Bruder: „Die Zeitung ist doch schon von gestern."

Der Sohn schreibt an seinen Vater:

„Lieber Papa, ich habe mich gut im Internat eingelebt. Meine ganze Liebe gehört der Algebra! Dein dankbarer Sohn Felix"

Der Vater antwortet:

„Lieber Sohn, ich habe dich wiederholt gewarnt: Du bist noch viel zu jung, um dich mit Mädchen einzulassen. Beherzige diesen Rat deines besorgten Vaters."

Ohhhh

Bruder: „Wirst du dir heute Nacht die Mond-
finsternis ansehen?"
Schwester: „Nein, wieso? Eine Finsternis kann
man doch nicht sehen ..."

Tante Anna kommt zu Besuch. Luise öffnet die Tür.
„Ist dein Papa daheim?", fragt die Tante.
„Ja, er schläft auf seinem vierbeinigen Freund."
„Wer ist denn das? Ihr habt doch keinen Hund."
„Nein, er schläft auf dem Sofa!"

„Samuel spuckt mir ins Gesicht!",
schreit Elisa. Mama sagt: „Samuel,
schämst du dich denn nicht?"
„Nein, ich schäme mich nicht. Elisa sagt ja immer:
Du traust dich nicht! Du traust dich nicht!"

Ulrike telefoniert im Nebenzimmer mit ihrer besten Freundin. Das Gespräch hört und hört nicht auf. Mutter ist schon ungeduldig geworden. Sie schickt Klaus zum Nachschauen. Der kommt zurück und sagt:

„Die ist noch lange nicht fertig. Sie hat gerade erst das Ohr gewechselt!"

Tante Erna hat Geburtstag. Lara und Linus kommen gratulieren. Linus sagt:

„Wir haben dir auch etwas mitgebracht: 29 gefüllte Nusspralinen, die du so gern isst, für jedes Lebensjahr eine."

„Oh, wie nett!", strahlt die Tante. „Ich freue mich sehr. Aber, Kinder, wenn ich ehrlich sein soll: Eigentlich werde ich heute 36."

„Ich weiß", sprudelt Lara hervor.

„Es waren anfangs auch 36 Pralinen. Mama hat sie abgezählt. Aber wir haben unterwegs sieben davon gegessen, um dir eine Freude zu machen!"

Die Mutter ruft Rick zum Essen. Aber als sie seine schmutzigen Finger sieht, sagt sie empört: „Rick, hast du mich schon jemals mit solch schmutzigen Fingern gesehen?" Rick schüttelt den Kopf. „Nein; aber ich habe dich auch noch nicht gekannt, als du ein Kind warst wie ich!"

Knut hat sich von den letzten beiden Stücken Fleisch das größere auf seinen Teller gelegt. Kerstin mosert: „Ich an deiner Stelle hätte mir das kleinere Stück genommen." Knut kaut bereits und erwidert mit vollem Mund: „Das wusste ich, deshalb hab ich's für dich liegen lassen."

„Hast du die Schere benutzt? Sie ist ganz stumpf."
„Das kann nicht sein. Als ich vorhin Blech geschnitten habe, war sie noch ganz scharf."

SCHOTTEN-Witze

Ein Schotte zu seinem Sohn: „Du hast ja einen neuen Kamm gekauft!" Sohn: „Musste ich. Ein Zahn war ausgebrochen!" Schimpft der Vater: „Deswegen kauft man doch nicht gleich einen neuen Kamm!" Sohn: „Es war aber der letzte!"

Der Schotte fragt seinen Freund: „Willst du morgen mit mir zu Abend essen?"
„Gern!"
„Schön, dann um sieben Uhr bei dir!"

Der Schotte gibt nach dem Essen dem Kellner schweren Herzens zehn Penny Trinkgeld und sagt: „Hier, machen Sie sich einen netten Abend."
„Sehr gern! Darf ich Sie dazu einladen?", erwidert der Kellner höflich.

Wie bekommt man zehn Schotten in einen Volkswagen?
Indem man einen Penny auf den Rücksitz wirft.

Der Schotte will unbedingt an einem 29. Februar heiraten. „Warum denn ausgerechnet am 29. Februar?"

„Dann brauche ich nur alle vier Jahre meinen Hochzeitstag zu feiern!"

Als der junge Schotte abends nach Hause kommt, fragt ihn sein Vater: „Bist du wieder aus gewesen? Hat wohl eine Menge Geld gekostet!"

„Drei Schilling, Papa."

„Das geht ja noch."

„Ja", meint der Sohn, „mehr Geld hatte das Mädchen nicht!"

In Schottland hält man nachts die Uhren an, damit sie nicht so schnell abgenutzt werden.

Der kleine Schottenjunge gießt
Wasser auf sein Spar-
schwein. „Warum denn
das?", wird er von seiner
Mama gefragt. „Aus Vor-
sicht!", erwidert der Bub.
„Ich stelle mein Sparschwein
in die Gefriertruhe. Dann
sind die Geldstücke innen
festgefroren und niemand kann
mir die Münzen durch den Schlitz herausangeln."

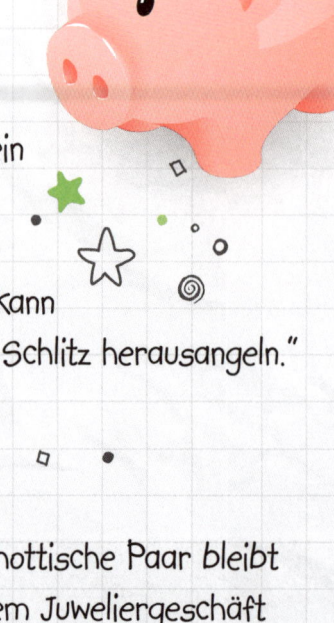

Das schottische Paar bleibt
vor einem Juweliergeschäft
stehen. Sie bewundert einen
Ring. „Ein schönes Stück!
Sollte ich dir jemals einen
Ring abschlagen, es müsste
einer wie dieser sein!", sagt
er daraufhin.

Ohhhh

Was machen ein Franzose, ein Deutscher und ein Schotte, wenn ihnen eine Fliege in den Tee gefallen ist? Der Franzose schüttet den Tee samt der Fliege in den nächsten Ausguss. Der Deutsche fischt mit einem Löffel die Fliege aus dem Tee und trinkt ihn dann trotzdem. Der Schotte nimmt die Fliege an den Beinen, hält sie über die Tasse, schüttelt sie und ruft: „Spuck's aus! Spuck's aus!"

„Mein schottischer Briefpartner hat mir gestern ein Bild von sich geschickt."
„Und wie sieht er aus?"
„Das weiß ich noch nicht, ich habe den Film noch nicht entwickeln lassen ..."

ENTE GUT, ALLES GUT!

ENNO

ENTI

ENNA

...EAH!

DU BIST EIN FEIGLING!

HAB KEINE ANGST! GEH IN DIE HOCKE UND BRETTER LOS WIE EIN VER-RÜCKTER ... LOS!

OK, ICH VERSUCH'S MAL!

DU HÄTTEST DICH NICHT AUF DIE SPITZEN DER SKI KONZENTRIEREN SOLLEN. DU MUSST AUF ALLES ACHTEN ...

... SEI EINFACH **RUHIG!!!**

Im schottischen Fernsehen gibt es eine Quizsendung. Dem Sieger winkt eine Belohnung von 100 Pfund. Deshalb ist das Quiz auch der hohen Gewinnsumme entsprechend sehr schwierig. Der Quizmaster fragt seine Kandidatin: „Was ist der Unterschied?" Die Kandidatin: „Zwischen was?" Der Quizmaster schüttelt den Kopf: „Tut mir aufrichtig leid, aber bei dem hohen Gewinn darf ich nicht helfen!"

„Ich kann Ihnen leider nichts geben, ich muss meinen Bruder unterstützen!", sagt der Schotte zum Bettler. „Aber Ihr Bruder hat mir selbst gesagt, dass er nichts von Ihnen bekommt!"

„Stimmt, aber glauben Sie denn im Ernst, dass ich einem Fremden mehr gebe als meinem eigenen Bruder?"

„Was will denn Ihr Sohn werden?"
„Arzt. Die Zeitschriften fürs Wartezimmer hat
er schon beisammen!", sagt der Schotte stolz.

Warum blinzelt die auf der englischen
Pfundnote abgebildete Queen, wenn ein
Schotte den Geldschein aus der Tasche
zieht? Weil sie monatelang kein Licht
gesehen hat.

Schottischer Winter. „Worauf wartest du hier
auf der Straße?"
„Ach, ich habe meine Whiskyflasche fallen lassen,
und jetzt warte ich, dass er friert, damit ich ihn
nach Hause tragen kann."

Drei Schotten besuchen eine Kirche. Am Ende des Gottesdienstes soll eine Kollekte gesammelt werden. Da wird einer ohnmächtig und die beiden anderen tragen ihn schnell hinaus.

Es sagte der Schotte: „Herr Ober, mir ist ein Penny unter den Tisch gefallen. Falls Sie ihn finden, geben Sie ihn mir. Falls nicht, können Sie ihn als Trinkgeld behalten!"

Gutgelaunt sitzt der Schotte in der Eisenbahn.
„Fahren Sie in Urlaub?", fragt ihn ein Mit-
reisender. „Nein, ich bin auf Hochzeitsreise."
„Und Ihre Frau?"
„Die ist zu Hause. Sie kennt die Gegend schon."

„Herzlichen Glückwunsch zu deinem
10., 11. und 12. Geburtstag!", schrieb
die Schottin ihrer Enkelin.

Der Schotte zeigt dem Besuch seine neue
Wohnung. „Und dies hier ist unser
Musikzimmer!", sagt er
stolz. „Aber hier ist doch
gar kein Instrument!"
„Nein, aber von hier aus
können wir am besten
das Radio unseres
Nachbarn hören."

Ein Schotte ist ausgezogen, um in der Fremde sein Glück zu machen. Zehn Jahre später kommt er ins Land zurück, wo seine Brüder ihn erwarten. Er verlässt das Schiff, sucht seine Brüder in der Menge, entdeckt sie aber nicht. Plötzlich nähern sich ihm zwei bärtige Männer. „Na, Mac, erkennst du uns nicht mehr?", fragt einer den Ankömmling. „Nicht möglich! Ihr seid's? Ja, jetzt erkenne ich euch. Aber warum habt ihr euch denn Bärte wachsen lassen?"

„Na, du hast einen sonnigen Humor! Du hattest doch den Rasierapparat mitgenommen!"

Nach dem Termin beim Rechtsanwalt legt der Schotte einen Schilling auf den Schreibtisch. Ironisch fragt der Anwalt: „Sagen Sie, soll das für mich, meine Putzfrau oder den Portier sein?"
„Für alle drei ...", antwortet der Schotte.

Fragt die Schottin aus dem Nebenzimmer: „Du hast dich doch wohl nicht schon wieder auf das Sofa gesetzt?"
„Nein, Liebling", ruft der Schotte, „ich sitze auf dem Fußboden."
„Dann schlag gefälligst den Teppich zurück!"

Fragt der Schotte den Freund: „Weißt du schon, was du deiner Frau zu Weihnachten schenkst?"
„Oh ja, nächstes Jahr bekommt sie Ohrringe!"
„Und in diesem Jahr?"
„Dieses Jahr lasse ich ihr die Löcher für die Ohrringe stechen!"

In der schottischen Kneipe hängt unter der Uhr an der Wand ein Schild: „Nur für meine Gäste."

Eine Schottenfamilie wohnt an einem einsamen Ort. „Habt ihr denn keinen Wachhund?", wird das Söhnchen von einem Spaziergänger gefragt.
„Nein."
„Und warum nicht?"
„Och, wenn wir nachts im Garten Geräusche hören, bellen wir selber!"

● ◎ ○ ◻ ●

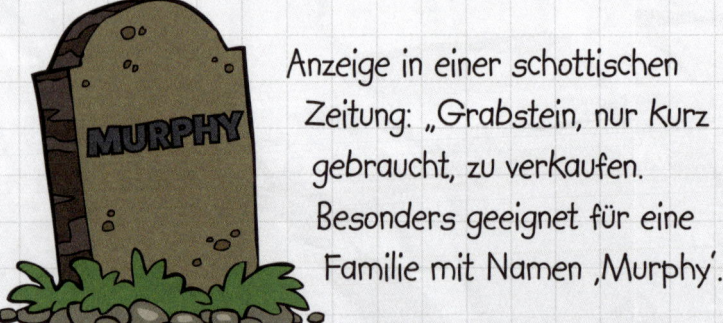

Anzeige in einer schottischen Zeitung: „Grabstein, nur kurz gebraucht, zu verkaufen. Besonders geeignet für eine Familie mit Namen ‚Murphy'."

318

„Alle ärztliche Hilfe war umsonst", las der Schotte in der Zeitung, sprang auf und rief: „Die Adresse des Arztes muss ich unbedingt sofort haben!"

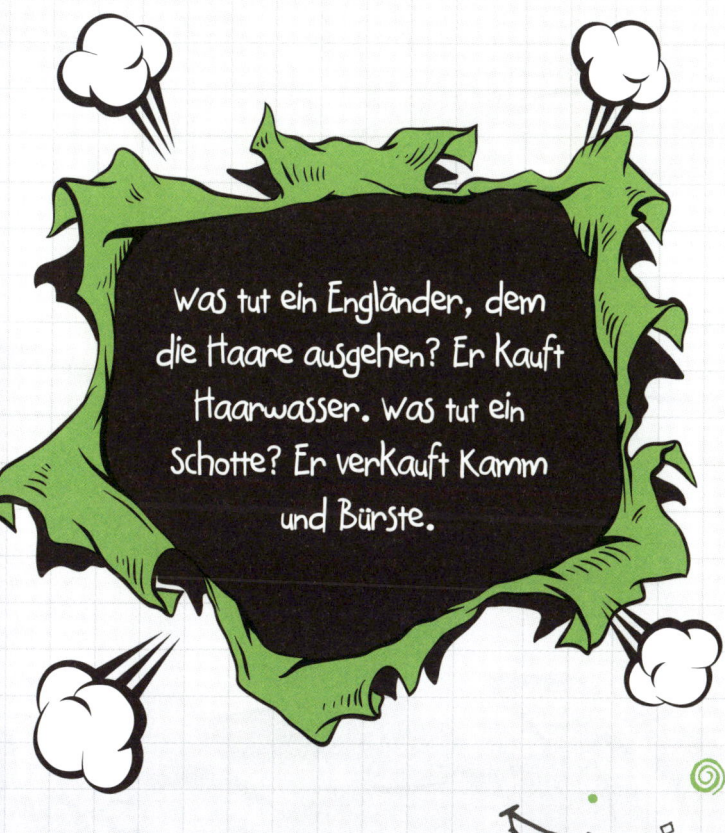

Was tut ein Engländer, dem die Haare ausgehen? Er kauft Haarwasser. Was tut ein Schotte? Er verkauft Kamm und Bürste.

„Ihre Frau braucht Seeluft", rät der Arzt. Da nimmt der Schotte seine Frau und geht mit ihr ins Fischgeschäft!

Der Schotte beim Schuhmacher: „Können Sie mir meine Schuhe noch einmal in Ordnung bringen?"

„Ich will es versuchen - die Schnürsenkel sind ja noch ganz gut ..."

Die Schotten haben Kühe mit so langen Hälsen - gezüchtet, dass sie auf den Nachbarweiden fressen und zu Hause gemolken werden können.

Zwei Schotten haben sich beim Bergwandern verstiegen und hängen stundenlang hilflos an der Steilwand. Plötzlich stöhnt der eine: „Wenn ich gerettet werde, werde ich die Hälfte meines Geldes einem Wohltätigkeitsverein ..."

„Still!" ruft der andere. „Ich höre die Retter!"

Der schottische Arzt lässt sich von einem Kollegen untersuchen. „Es freut mich, dass Sie zu mir kommen", sagt dieser. „Ja, ich bin mir zu teuer!"

In einem Park in Schottland hängt ein Schild, auf dem steht: „Es ist unter Strafe von einem Schilling verboten, den Rasen zu betreten."
„Sie haben ja den Preis gesenkt, vorher waren es doch drei Schillinge!", wundert sich ein Spaziergänger.
„Das stimmt, mein Herr, aber für diesen Preis ist niemand auf den Rasen getreten", antwortet ein Parkwächter.

„Trägst du deinen Ehering nicht mehr?", fragt ein Schotte den anderen. „Doch, aber diese Woche ist meine Frau dran!", erwidert der.

„Was kostet eine Karte für das Spiel Schottland-Deutschland?"

„40 Euro."

„Dann geben Sie mir eine, hier sind 20 Euro."

„Das ist aber nur der halbe Preis!"

„Mich interessiert ja auch nur, wie die Schotten spielen!"

⚫ ◎ ○ ▢ ⚫

Der Schotte will einen Fernsehapparat kaufen. Seit zwei Stunden verhandelt er in dem Geschäft, ohne sich entscheiden zu können. „Und hier", sagt der Verkäufer, „habe ich noch ein Gerät, das ich Ihnen zum halben Listenpreis überlassen würde." „Und was kostet die Liste?", fragt der Schotte zweifelnd.

„Tut mir leid", sagt der Schotte,
„aber ich kann in diesem Monat die fällige
Rate nicht bezahlen!"
„Das haben Sie doch schon in den letzten
beiden Monaten gesagt!"
„Und?", ruft der Schotte beleidigt.
„Habe ich etwa gelogen?"

OH...

„Gestern habe ich einem Schotten das Gepäck
getragen. Als wir vor der Zimmertür standen,
steckte er mir etwas in die Tasche und sagte:
‚Das ist für ein Glas Tee!'", erzählt ein
Gepäckträger dem anderen.
„Und was hat er dir gegeben?"
„Ein Stück Zucker!"

ENTE GUT, ALLES GUT.

PASST AUF! TANTE ENTA HAT MIR 300 EURO GESCHENKT! LASST UNS FEIERN! BEI MIR ZU HAUSE, HEUTE 20:00 UHR!

PARTY !!!

PROST!

HICKS!

MHHH ... ICH GLAUBE, ES IST ZEIT NACH HAUSE ZU GEHEN, LEUTE!

FLIEGENDE FLASCHE!

IHR KÖNNT JET[...] ECHT GERNE GEH[...] KEIN PROBLE[...]

ENNO

ENTI

ENNA

JUHUUUU!

ACHTUNG! MEIN BETT!!

HAHA!!!!

3 GLASSCHEIBEN 150 €, LAMPE 60 €, SPIEGEL 80 €, WASCHBECKEN 120 €, BETT 330 € ...

„Tausend Euro oder das Leben", bedroht der Gangster den Schotten. „Fünfhundert", antwortet der, „ich bin doch schon halb tot vor Angst."

Eine alte schottische Dame kommt aus dem Urlaub. Der Zollbeamte holt eine Flasche aus ihrem Koffer. „Was ist das?"
„Ach, das ist nur Weihwasser!" Der Beamte riecht am Inhalt. „Whisky ist es!", sagt er streng.
„Oh!", schreit die alte Dame auf. „Ein Wunder ist geschehen!"

Frage: Wann wurde in Schottland das Schwimmen populär?
Antwort: Als der Brückenzoll eingeführt wurde.

Ein Ire, ein Engländer und ein Schotte wollen zusammen eine Flasche Whisky kaufen. Der Schotte schlägt vor, durch einen Münzwurf zu entscheiden, wer die Flasche bezahlen muss: „Bei Wappen zahlt der Ire, bei Zahl der Engländer. Und wenn die Münze stehenbleibt, dann zahle ich!"

„Ich mag euch Schotten", versichert der Tourist, „ihr habt Humor und seid höflich."
„Na klar, Humor ist eine Gabe und Höflichkeit kostet nichts!"

„Der Doktor hat mir einen Luftwechsel verordnet", sagt die Schottin zu ihrem Mann. „So ein Glück! Eben hat der Wind gedreht!", antwortet er.

„Warum hast du deiner Kuh denn eine grüne Brille aufgesetzt?"

„Weißt du", erwidert der Schotte, „mir ist das Heu ausgegangen und sie soll nicht merken, dass sie Stroh frisst!"

In der Post. „Beim Telegramm kostet der Name nichts?", fragt der Schotte. „Nein."

„Ob Sie's glauben oder nicht, ich heiße tatsächlich MacAnkommedienstagmorgen."

Im Bäckerladen. „Ein Brötchen bitte. Wenn's geht, wickeln Sie es mir doch bitte in die heutige Zeitung", sagt der Schotte zum Bäcker.

• ◎ ○ ◻ •

Die schottische Familie steigt aus der Bergbahn. „Dass mir niemand einen Blick auf die Burg dort drüben verschwendet", mahnt der Vater sie alle. „Von ihr haben wir nämlich ein Bild zu Hause."

• ◎ ○ ◻ •

Der Schotte stellt eine Kerze vor den Spiegel und sagt zu seiner Frau: „So, komm her, wir feiern den zweiten Advent!"

„Willst du McHair eigentlich nicht heiraten?",
fragt der Schotte seine Tochter. „Der hat doch
schon eine Glatze!" „Das mag sein, aber denk doch
mal, wie viel Geld ihr dann für den Friseur spart."

Auf hoher See, wenn auch nicht allzu weit von der
Küste entfernt, kommt dem Kreuzfahrtschiff ein
Dampfer entgegen. Ein Passagier fragt einen
Matrosen auf Deck: „Woher kommt der Dampfer?"
Der Matrose antwortet ohne zu zögern: „Aus
Schottland, es fliegen keine Möwen hinterher!"

„Wasch dir die Haare und steck den Kopf zum
Fenster hinaus. Im Wetterbericht ist Föhn ange-
sagt worden", sagt der Schotte zu seiner Frau.

Der Schotte: „Ich möchte einen billigen Kleiderbügel!" Der Verkäufer: „Der Billigste kostet zwei Pence."

„Zwei Pence! Gibt es denn nichts Billigeres?"
„O doch, einen Nagel!"

Der Schotte will sich endlich eine neue Mütze kaufen und sagt zur Verkäuferin: „Ich hätte gerne so eine wie meine alte, die ich auch bei Ihnen kaufte."
„Unmöglich, wir haben das Geschäft erst seit 30 Jahren!"

Der Schotte will Holz hacken und schickt seinen Sohn zum Nachbarn, um ein Beil zu leihen. Das Kind kommt ohne Beil zurück. „So ein Geizkragen", entrüstet sich der Vater. „Geh in den Keller und hol unseres!"

„Denkst du, ich werde mein Leben lang diesen Mantel aus Kaninchenfell tragen?"

„Wieso nicht? Das Kaninchen macht es doch auch!", antwortet der schottische Ehemann.

Dann waren da noch die drei Schotten, die um ein Pfund wetteten, wer von ihnen am längsten tauchen könnte. Alle drei ertranken.

Fragt der Lehrer: „Was ist der Unterschied zwischen Blitz und Elektrizität?"

„Der Blitz kostet nichts", antwortet der kleine Schotte.

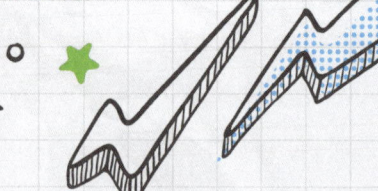

GESCHLOSSEN

Ein schottischer Geschäftsmann liegt im Sterben und ruft jeden seiner Familie, um Abschied zu nehmen. „Bist du da, Minnie?"

„Ja", sagt die Frau.

„Und meine Kinder? Bill und Laura?"

„Ja, Vater!"

„Und Schwester Else?"

„Aber ja." Da richtet sich der Sterbende auf: „Verflucht, und wer ist im Laden?"

• ◎ o ◻ •

„Was macht euer Fußballclub?", fragt der Schotte seinen Freund.

„Den haben wir aufgelöst."

„Habt ihr jede Begeisterung für den Fußball verloren?"

„Das nicht – aber den Fußball."

Weshalb haben nur so wenige Schotten einen elektrischen Kühlschrank? Weil sie nicht glauben, dass das Licht ausgeht, wenn man die Kühlschranktür zumacht!

Ein Bub aus Schottland reitet auf einem Esel; aber er reitet verkehrt herum. „He, warum sitzt du verkehrt auf dem Esel?", fragen ihn die Kinder auf der Straße. Der Schottenjunge antwortet: „Reine Vorsichtsmaßnahme; das Vieh hat einen Schilling verschluckt."

„Haben Sie meinen Sohn vor dem Ertrinken gerettet?", fragt der Schotte den völlig durchnässten Polizisten. „Ja, das habe ich!", erwidert der stolz.
„Und wo ist seine Mütze?"

Ein Schotte kommt zum Zahnarzt.

„Entsetzlich!", sagt der Arzt. „Ihre Zunge ist ja ganz schwarz!" Darauf meint der Schotte: „Das kommt vom Whisky!"

„Aber Whisky ist doch nicht schwarz!" Erwidert der Schotte: „Das nicht, aber ich wollte eine volle Flasche Whisky heimtragen und sie ist mir aus der Hand gefallen und zerbrochen!"

„Und warum ist deshalb Ihre Zunge schwarz?"

Da antwortet der Schotte: „Na, weil die Straße frisch geteert war!"

„Ich habe es satt, mit einem Geizhals verlobt zu sein", schluchzt die Schottin. „Hier hast du deinen Ring zurück."

„Und wo ist der Geschenkkarton?", fragt da der Schotte.

ENNO

ENTI

ENNA

ODER ...
VIELLEICHT DAS
NEUE JAHR AUF
EINER SAFARI
BEGRÜSSEN?

NEIN!
NEW YORK!
DIE BESTE
PARTY, DIE ES
ÜBERHAUPT
GIBT!

FROHES NEUES JAHR!!!

ICH LIEBE
STRASSEN-
FESTE
ÜBER
ALLES!!

Der Schotte ruft ein Taxi und fragt den Chauffeur:
„Was kostet die Fahrt von hier bis nach Dublin?"
Der Fahrer nennt den Preis. „Und meine Koffer?"
„Die Koffer sind gratis."
„Gut, dann nehmen Sie sie, ich komme zu Fuß
nach!"

In Schottland lässt ein Pastor den Hut zur Kollekte
herumgehen. Nach einer halben Stunde hat er ihn
wieder – völlig leer. „Ich danke euch, dass ich
wenigstens meinen Hut wiederhabe!", sagt er zur
Gemeinde.

Der Schotte kauft sich eine Wurst am Imbiss-
stand und bekommt eine Tube Senf dazu.
„Aber ich will gar keinen Senf."
„Den gibt's umsonst."
„Dann möchte ich bitte nur den Senf!"

Ein Schotte hat Zahnschmerzen. „Warum gehst du
denn nicht zum Zahnarzt?"
„Ich bin doch nicht verrückt. In zwei Jahren wird
mein Sohn selbst Zahnarzt sein!"

Ein Schotte kommt zu spät: „Ich hatte zu sehr auf
meine Zahnpasta-Tube gedrückt und ich brauchte
eine Stunde, um die Paste wieder hineinzubekom-
men."

FAMILIEN-Witze

Der Großvater erzählt dem kleinen Michi: „Als ich in Alaska war, wurde ich von acht Wölfen angefallen!" „Aber Opa, letztes Jahr hast du gesagt, es seien nur 4 gewesen", sagt Michi. „Da warst du auch noch zu jung, um die ganze Wahrheit zu erfahren!"

Der kleine Erik fragt seinen Vater:
„Du, stimmt es, dass manche Tiere
jedes Jahr einen neuen Pelz bekommen?"
„Nicht so laut, Junge, sonst will deine
Mutter auch schon wieder einen haben!"

„Sophie, du bist aber eitel! Täglich stehst
du mindestens eine halbe Stunde vor dem
Spiegel", ruft die Mutter vorwurfsvoll.
„Nein, Mama, ich bin ganz bestimmt
nicht eitel – und ich finde mich nur halb
so hübsch, wie ich in Wirklichkeit bin."

„Mama, jetzt wird's ernst!" ruft Rafael in die
Küche. „Papa kommt. Was zeigen wir ihm
zuerst? Mein Zeugnis, den verbrannten Kuchen
oder den Pfändungsbefehl?"

„Mein Vater ist Leber- und Darmspezialist",
prahlt Schulfreund Dieter eines Tages.
„Er arbeitet in einer Wurstfabrik."

„Ich werde nun doch wieder zu meiner
natürlichen Haarfarbe zurückkehren",
erklärt Kathi am Familientisch. „Eine gute Idee",
meint der Bruder bedächtig, „aber weißt
du denn überhaupt noch, welche Farbe das war?"

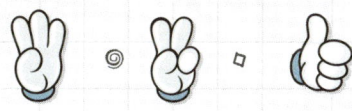

Frau Müller sagt: „Mein Mann liegt
im Krankenhaus."
„Ach du liebe Zeit", meint die Nachbarin,
„was hat denn der Ärmste?"
„Als ich verreist war, wollte er die Vorhänge
bügeln – und ist dabei aus dem
Fenster gefallen ..."

„Hilfst du auch immer schön deiner Mutter?",
fragt die Tante, die zu Besuch ist.
„Klar", erwidert Sabine, „ich muss immer die
silbernen Löffel zählen, wenn du gegangen bist!"

Der Vater geht mit seinem Sohn spazieren.
Plötzlich sehen sie einen Storch. Erinnert
sich der Vater: „In meiner Kindheit gab es
noch sehr viele Störche, jetzt sterben sie aus."
Sagt der Sohn: „Papa, da könnt ihr aber froh
sein, dass ihr mich gerade noch gekriegt habt."

Heiner ist mit seinen Eltern sehr zufrieden.
Als beide abends an sein Bett kommen, um
ihm gute Nacht zu sagen, meint er:
„Ich werde jetzt beten. Braucht ihr vielleicht
noch irgendetwas?"

Sagt der kleine Jakob: „Du, Mama, ich habe siebzig Cent für dich gespart."
„Das ist aber nett von dir, Jakob. Wie hast du das gemacht?"
„Ich habe den anonymen Brief, den du an Frau Müller geschrieben hast, gleich persönlich dort abgegeben!"

Katja kommt schmutzig vom Spielen nach Hause. Da sagt ihre Mutter: „Nun geh dir mal gleich dein Gesicht waschen."
„OK, Mama. Aber gehören die Ohren eigentlich zum Gesicht oder zum Hals?"

Charlotte besucht mit ihren Eltern den Zoo. Als sie am Krokodilgehege vorbeikommen, ruft sie: „Guckt mal, ein Lacoste ohne Hemd!"

Herr Meier geht mit seiner Familie in den Zoo. „Ich möchte auf einem Esel reiten!", schreit der kleine Peter immerzu. Da wird es Frau Meier zu viel. „Willi", ruft sie, „nimm doch endlich den Kleinen auf die Schulter, damit wir Ruhe haben!"

Die Kinder spielen „Bären im Tierpark". Da meint die kleine Elsa: „Opa, du musst unbedingt mitspielen." Der Opa fragt: „Was kann ich denn dabei schon tun?" „Du musst uns immer Süßigkeiten zuwerfen!"

„Na, wie war's im Kino?", fragt die Mutter den kleinen Fabian. „Oh, prima! Das Ulkigste war, als Papa eine Ohrfeige von der Dame neben ihm bekam!"

Weil Paul einmal gebissen wurde, hat er große Angst vor Hunden. Auch an der Hand seiner Tante will er auf der Straße an einem kleinen Pudel nicht vorbeigehen. „Na, komm schon", sagt die Tante, „ich habe doch auch keine Angst." Mault Paul: „Du bist ja auch nicht so weit unten wie ich!"

„Was schenkst du deinem Bruder zum Geburtstag?" „Eine nagelneue Füllung für seine Luftmatratze!"

Till ist bei Oma zu Besuch. Auf einmal ruft er:
„Oma, ich bin durstig!" Fragt die Oma:
„Willst du ein Glas Wasser?"
„Nein, Oma, ich bin durstig, nicht schmutzig!"

Frau Müller stürzt aufgeregt ins Zimmer
und sagt: „Erich, der Dackel hat alle
meine selbstgebackenen Plätzchen gefressen."
Der Ehemann lächelt: „Schatz, mach dir nichts
draus. Ich besorge uns einen neuen Hund."

Beim Nachmittagskaffee steht Anton auf,
geht zu Tante Klara und leckt an ihrem Kleid.
„Was machst du denn da?", fragt sie entsetzt.
Anton: „Mama hat recht – dein Kleid ist
wirklich geschmacklos ...!"

Die kleine Laura ist zu Besuch bei den
Großeltern. Opa hält gerade seinen
Mittagsschlaf und schnarcht, dass die
Wände wackeln. Da geht die Kleine zu ihm
und dreht an den Knöpfen seiner Weste.
„Lass Opa doch schlafen", meint die Großmutter.
„Soll er ja auch. Ich will ihn doch nur etwas
leiser stellen!"

Opa ist zu Besuch. Weil es ihm im Wohnzimmer
zu warm ist, zieht er seine Jacke aus
und die Hosenträger kommen zum Vorschein.
Da meint der kleine Marlon: „Opa, warum hast
du dich denn angeschnallt?"

Sagt der kleine Jan zu seinem Vater:
„Strom wird wieder teurer, Papa. Sei froh,
dass ich keine Leuchte bin!"

DIE NEUE HEIZUNG

Mama kommt mit Dauerwellen vom Frisör.
Ben klettert auf Papas Schoß, streichelt liebevoll
über seine Glatze und meint: „Du hast keine Wellen,
Papa, bei dir ist alles Strand."

„Mama, warum bedroht der Mann die
Dame auf der Bühne immer mit dem Stock?"
„Der bedroht sie nicht. Das ist der Dirigent."
„Aber wenn er sie nicht bedroht, warum brüllt
sie dann so fürchterlich?"

„Bitte, Mama, schenke mir doch zwei Euro
für eine Tafel Schokolade!"
„Aber du weißt doch, dass Süßigkeiten
nicht gut für die Zähne sind."
„Gut, dann gibst du mir eben
fünf Euro fürs Kino."

Opa dreht an seinem Radio herum und schimpft, weil er nichts findet, was ihm gefällt. Als ihn sein Enkel fragt, was er denn eigentlich suche, sagt der Opa: „Gestern Abend hat mir das Lied ‚Man müsste noch mal zwanzig sein' so gut gefallen. Meinst du, ich finde es heute wieder?"

Der Onkel fragt Klaus, welches Tier er gerne hätte. Klaus antwortet: Ich hätte gern eine Katze, aber das geht nicht, weil Papa einen Vogel hat.

Claudia hat sich eine Schildkröte gekauft. Kommt ihr kleiner Bruder und sagt: „Du, nimm doch mal den Deckel ab, damit ich sie streicheln kann!"

Der Kleine Alex im Restaurant:
„Papa, sieh mal!"
„Beim Essen redet man nicht!" ermahnt
ihn der Vater. Erst nach dem Essen
fragt er: „Nun, was gab's?"
Alex: „Ich wollte dir vorhin sagen,
dass jemand mit deinem Mantel
weggegangen ist!"

„Schluss jetzt!", schreit der Sprössling seinen
Vater an. „Ich will Freiheit und Abenteuer!
Versuche gar nicht erst, mich aufzuhalten!"
„Was heißt hier aufhalten", sagt der Vater.
„Nimm mich mit!"

Die Tante telefoniert mit Max. „Da bin ich ja neugierig! Sieht dein neues Schwesterchen dem Papa oder der Mama ähnlicher?"
Max muss überlegen. Dann meint er:
„Mehr dem Papa, es brüllt dauernd!"

„Wo ist denn der Rest von der Torte geblieben?", wurde der kleine Samuel von seiner Mutter gefragt. Samuel anwortet: „Die hat doch unser Hund gefressen!" Darauf die Mutter unerbittlich: „Und wer hat ihm den Schlüssel zum Schrank gegeben?"

„Wie kann man nur so ein Theater um das Essen machen", schimpft die Mutter. „Andere Kinder wären froh, wenn sie nur die Hälfte davon auf dem Teller hätten!" „Ich auch, Mama", sagt Mona.

„Warum lässt du beim Füßewaschen die Strümpfe an?", wundert sich die Mutter. „Heute ist das Wasser so kalt!", verteidigt sich Erik.

Der kleine Milan kommt aufgeregt zu seiner Mutter gelaufen.
„Du, Mama, ich bin gerade von einer fünf Meter hohen Leiter gefallen!"
„Mein Gott, hast du dir wehgetan?"
„Nein, ich stand auf der untersten Sprosse."

Die Mutter fragt den kleinen Klaus beim Zubettgehen: „Hast du dich auch richtig gewaschen?"
Klaus antwortet beleidigt: „Natürlich, Mama!"
„Hast du dich auch im Spiegel angeschaut, ob du richtig sauber bist?"
„Aber Mama, das sehe ich doch am Handtuch!"

Onkel Herbert beschwert sich bei seiner Nachbarin: „Ihr Sohn hat mich gestern einen alten Ochsen genannt!"
„Das ist ja unglaublich", erregt sich die Nachbarin, „ich habe dem Lausebengel schon so oft gesagt, er soll die Leute nicht nach dem Äußeren beurteilen!"

„Mein Vater muss sich Tag für Tag um solche verklemmten Typen kümmern", sagt Rafael. „Ist er vielleicht Psychiater?", fragt sein Freund Alexander. „Nein, er repariert Schreibmaschinen."

Ein Haar in der Suppe ist immer noch besser, als eine Suppe im Haar.

Beschwert sich die Nachbarin:
„Ihr Sohn äfft mich
immer nach, Frau Laumann!"
Beruhigt sie Frau Laumann:
„Ich werde ihm sofort verbieten,
sich wie ein Tölpel
aufzuführen!"

Die Mutter fragt den kleinen Max:
„Ist Opa schon eingeschlafen?"
„Ja, Mama, teilweise."
„Wieso teilweise?"
„Er hat gesagt, dass ihm die Füße
eingeschlafen sind!"

BANG!

Peter kommt erst spät abends nach Hause
und erzählt: „Ich war drüben bei Müllers."
„Kamst du denn auch nicht ungelegen?",
will seine Mutter wissen. „Nein, ganz im Gegenteil.
Frau Müller sagte, ich hätte ihr gerade
noch gefehlt!"

Urlaub im Gebirge. „Wieso liegen denn so viele
Steine im Bachbett?"
„Die hat der Bach heruntergespült!"
„Und wo ist das Wasser?"
„Wahrscheinlich oben, neue Steine holen!"

„Papa, schreibt man Pferd mit einem
F oder mit einem V?"
„Ach, schreib doch einfach Gaul!"

„Regnet es draußen, Philip?"
„Keine Ahnung, Mama."
„Dann steh mal von der Couch auf
und sieh nach."
„Wieso? Pfeif doch den Hund rein
und fühl, ob er feucht ist."

Emil will seiner Schwester zum Geburtstag
ein Buch kaufen. „Wie wär's denn mit einem
Alten oder Neuen Testament?", schlägt der
Buchhändler vor. „Dann nehme ich ein Neues",
entscheidet Emil, „denn meine Schwester ist mehr
für moderne Sachen."

Die Kannibalen-Mutter ruft ihren Sohn, der mit
einem kleinen Jungen spielt: „Ich hab es dir doch
schon so oft gesagt: Mit Essen spielt man nicht!"

ENTE GUT, ALLES GUT!

ES IST SO SCHÖN, UNTER FREIEM HIMMEL ZU SCHLAFEN.

BRRRRR ... GANZ SCHÖN KALT HIER DRAUSSEN. ICH SOLLTE EIN FEUER MACHEN.

!

ENNO

ENTI

ENNA

ES IST SO KALT! ICH LEGE BESSER ETWAS MEHR HOLZ AUF ...

... UND SETZ MICH GANZ NAH DRAN.

HIILFEE!

PSSTS...

„Stellen Sie sich vor, mein kleiner Basti
sitzt bereits, obwohl er erst acht Monate alt ist",
erzählt Frau Müller bei einer Party.
„Nein, die heutige Jugend!", ruft da entsetzt ein
alter Herr. „Was hat der Kleine denn angestellt?"

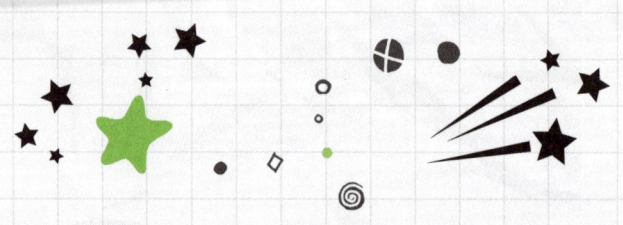

„Ist hier jemand, der an Wunder glaubt?", fragt der
Pilot die Fluggäste.
„Ich", meldet sich ein Passagier.
„Gut! Wir stürzen nämlich gleich ab und haben
einen Fallschirm zu wenig an Bord."

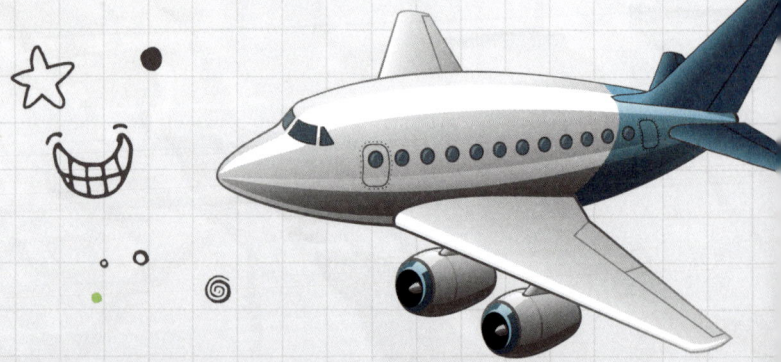

„Na, Arno, habt ihr von der Spanienreise auch Andenken mitgebracht?"
„Klar. Aber Papa hat schon alle ausgetrunken."

Klaus schaut zum Fenster hinaus: „Die Vögel fliegen in Formationen in den Norden."
„Aber", sagt Sabine plötzlich, „Informationen werden heute doch auf Twitter durchgegeben."

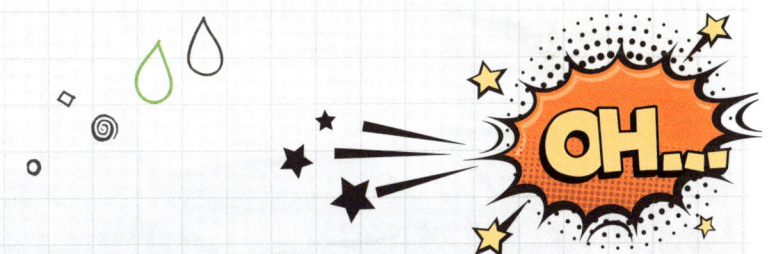

„Du, Fritz, die Lehmanns haben aber ein klitzekleines Baby bekommen."
„Kein Wunder, die sind ja auch erst seit vier Monaten verheiratet!"

„Mama, alle Leute lachen über meine großen Füße."
„Unsinn, deine Füße sind gar nicht groß.
So, und nun stell deine Schuhe in die Garage
und komm endlich rein zum Essen!"

„Piet", sagt die Mutter zum Sohn,
„du solltest nachher Papa etwas ärgern!"
„Aber warum denn, Mama?"
„Weil Papa nachher die Teppiche klopfen muss,
da ist es gut, wenn er so richtig wütend ist."

Die Ehefrau zu ihrem Mann: „Nun sind die Kinder
bei der Oma und der Hund ist im Tierheim - wieso
wollen wir da noch in Urlaub fahren?"

„Papa, warum begleitet man den Besuch
immer bis zur Tür?"
„Das kann ich dir genau sagen:
Um sich zu überzeugen, ob er auch wirklich geht!"

Tante Gerda spielt seit Stunden voller Leiden-
schaft Klavier. Die kleine Lara hört ihr zu.
Schließlich sagt sie: „Wenn du nicht anhalten
kannst – das Bremspedal ist rechts!"

Eines Abends badet der Papa seinen
kleinen Sohn. Als er ihn abtrocknet,
sagt er nicht ohne Stolz: „So, das haben
wir auch mal ohne Mama geschafft!"
„Ja, schon!", antwortet der Junge zögernd.
„Aber Mama zieht mir vor dem Baden
immer erst die Schuhe aus."

Gina betrachtet nachdenklich ihren Vater.
An seinen Schläfen entdeckt sie die ersten weißen
Haare. Erschrocken sagt sie: „Du, Papa,
du fängst ja an zu schimmeln."

Karl hat Schnupfen. Das dauernde Hochziehen
nervt seinen Freund Paul. „Mensch, hast du kein
Taschentuch?", fragt er gereizt. „Doch, aber ich
verleihe es nicht!"

Moritz kommt heulend aus dem Wohnzimmer.
„Was ist denn los?", fragt ihn die Mutter.
„Papa hat sich mit dem Hammer auf den
Daumen gehauen", schluchzt Moritz.
„Aber darüber brauchst du doch nicht so
zu weinen, Moritz. Über eine solche Kleinigkeit
lacht man doch."
„Genau das hab ich ja zuerst auch getan."

Beim Mittagessen meint die Mutter tadelnd zu
Willi, der wieder über den ganzen Tisch langt:
„Du sollst nicht immer über den ganzen Tisch
greifen, hast du denn keinen Mund?"
„Doch, aber mit der Hand komme ich
besser hin!"

Rick fragt seine Freundin Katja im Café:
„Sitzt du gut?"
„Ja, ausgezeichnet!"
„Zieht es nicht, wo du sitzt?"
„Nein, gar nicht."
„Ist unter dem Tisch auch genügend Platz,
um die Beine auszustrecken?"
„Ja, wirklich genügend."
„Gut", meint Rick, „dann lass uns doch
bitte die Plätze tauschen!"

Fritz geht mit Papa auf den Markt. Da ruft ein Verkäufer: „Heiße Würstchen, heiße Würstchen!" Fritz geht zu ihm und sagt: „Angenehm, heiße Fritz!"

„Kasimir, du verfressener Bengel, hast du die ganze Torte allein aufgefuttert? Hast du denn nicht an dein kleines Schwesterchen gedacht?"
„Und ob! Deswegen habe ich mich ja so beeilt."

„Tim, du bist jetzt 10 Jahre alt und kannst nicht mehr in meinem Bett schlafen!"
„Wieso, Papa ist doch noch viel älter?"

Die Schwester hat gekocht, weil die Eltern in Urlaub sind. „So, was gibt es zum Nachtisch?", will Richard wissen.
„Heute nichts", erwidert die Schwester.
„So", protestiert Richard, „soll das vielleicht heißen, dass ich das ganze Zeug für nichts und wieder nichts hinuntergewürgt habe?"

„Komm, Paul", sagt die Mutter, „wir wollen vierhändig auf dem Klavier üben. Willst du oben oder unten spielen?"

„Am liebsten unten auf der Straße."

Die Mutter ermahnt ihren kleinen Sohn: „So, und nun sag schön ‚Aaah', damit der Herr Doktor seinen Finger wieder aus deinem Mund nehmen kann!"

Der Vater wütend zu seinem Sohn: „Alles habe ich für dich geopfert, damit du Medizin studieren kannst. Und jetzt, wo du es geschafft hast, verbietest du mir als Erstes das Rauchen und Trinken!"

„Anton, hast du ein Bad genommen?", fragt die Mutter. „Nein, wieso? Fehlt eines?"

Als die kleine Sonja in das etwas zu heiß geratene Badewasser gesetzt wird, schreit sie: „Mama, nimm mich schnell wieder raus, hier brenne ich an."

„Mama, weshalb hat Papa überhaupt
keine Haare auf dem Kopf?"
„Weil er so viel denkt!"
„Und weshalb hast du so viele Haare, Mama?"

„Jetzt geht's rund", sagte die Hausmaus,
als sie in den Ventilator geriet!

Sohn zum Vater:
„Alter, schieb mal
die Marmelade rüber!"
„Wie heißt das?"
„Okay, Konfitüre!"

Der Vater sagt zum Sohn:
„Als ich so alt war wie du, habe
ich wie ein Irrsinniger gebüffelt
und nochmals gebüffelt." Darauf
der Sohn: „Und wann bist du
endlich zur Vernunft
gekommen?"

„Ich glaube nicht, dass mein Sohn jemals einen Job finden wird. Man kann sich einfach nicht auf ihn verlassen."
„Warum lässt du ihn dann nicht Meteorologe werden?"

Die Schwester fragt ihren Bruder: „Warum haben eigentlich immer die ärmsten Leute so viele Kinder?" Meint der Bruder voller Überzeugung: „Dumme Frage! Weil man die umsonst kriegt!"

Der Vater zum achtjährigen Sohn: „Ich will nicht, dass du alle diese schwierigen Klaviersonaten auswendig spielst. Wozu habe ich dir denn die teuren Noten gekauft?"

ENTE GUT, ALLES GUT!

ES IST SCHON GANZ SCHÖN KALT GEWORDEN. ICH SOLLTE MIR BESSER WARME KLEIDUNG KAUFEN!

JETZT BRAUCHE ICH NUR NOCH EIN PAAR WARME SCHUHE.

DAS IST DAS GRÖSSTE PAAR, DAS WIR FÜHREN, TUT MIR LEID ...

ICH HABE DA SO EIN IDEE ...

ENNO

ENTI

ENNA

DER PASST NICHT. HABEN SIE NICHT NOCH EIN ANDERES MODELL?

ICH SCHAUE MAL NACH ... IHR FUSS IST NICHT ... HMMM ... TYPISCH!

MAN MUSS SICH EBEN ZU HELFEN WISSEN ...

„Fritz, ich gebe dir 50 Cent, wenn du diesen Teppich klopfst – du musst dich aber beeilen!"
„Keine Angst, für 50 Cent bin ich in zwei Minuten fertig!"

Emily erzählt der Oma: „Heute habe ich auf der Straße Kerze geübt."
„Hoffentlich hat man deine Unterhose nicht gesehen."
„Nee, die habe ich vorher ausgezogen!"

„Hier, Robbi, weil du so schön artig warst, schenke ich dir einen neuen, blitzblanken Euro!"
„Aber Tante, das ist doch nicht nötig. Ein alter, zerknitterter Zehn-Euro-Schein tut es doch auch!"

Leas Oma ist gestorben. „Papa, wo ist denn Oma jetzt?"
„Da, wo wir alle mal hinkommen."
„Fein, dann wartet sie auf Mallorca?"

Max ruft seine Tante an: „Ich danke dir für das
Geschenk, das du mir zum Geburtstag
geschickt hast."
„Ach", erwidert die Tante, „das ist doch
kaum der Rede wert."
„Der Meinung war ich auch", nickt Max,
„aber Mama meinte, ich müsste mich auf
alle Fälle bei dir bedanken."

„Na, Lennart, warum schaust du mich so
prüfend an?" „Ich wundere mich, dass du
ganz bist, Onkel ... Papa sagt nämlich,
du bist gerissen!"

Ein Herr vom Ministerium besucht das
Jugendheim und sagt zu den Jungen:
„Nennt mir mal Eigenschaftswörter, die ihr kennt."
Schon schwirrt es durcheinander: „saublöd",
„doof", „beknackt", „bescheuert".
Der Mann von der Behörde fragt entrüstet:
„Von wem haben die Bengel nur diese
deftigen Ausdrücke gelernt?"
Der Heimleiter: „Von wem diese behämmerten
Knacker solche Ausdrücke haben, weiß ich
auch nicht!"

Der Vater kommt nach Hause und wird von
seiner Tochter ganz besonders zärtlich empfangen.
Da meint er zu seinem Sohn, der ihn kaum
beachtet: „Schau mal, wie nett mich Anke begrüßt!"
Darauf antwortet Paul nur: „Naja, wenn ich
die neue Vase umgeschmissen hätte, würde ich
dich auch so empfangen!"

Der Vater sitzt an Katharinas Bett und liest
ihr aus einem Märchenbuch vor.
„Du, Papa", unterbricht Katharina ihn.
„Ja, was ist?"
„Könntest du wohl etwas leiser lesen,
ich kann sonst nicht einschlafen."

Das kleine Schwesterchen in der Wiege schreit
und schreit. Schließlich erbarmt sich Ulla und
singt ihm etwas vor. Das geht fast eine Stunde
lang so, da meint ihr Bruder: „Weißt du,
eigentlich wäre es mir doch lieber, wenn du
das Baby wieder schreien ließest!"

Nele war frech. „Weil du so frech warst, wird der
Pudding gestrichen", erklärt die Mutter.
„So, in welcher Farbe denn?"

Anna fährt mit ihrem Vater zum ersten Mal in einem Lift im Hochhaus. Staunend betrachtet sie die Anzeigetafel: 10. Stock, 20. Stock, 30. Stock – und fragt: „Papa, weiß der liebe Gott denn auch, dass wir kommen?"

Michael kommt mit seiner Uhr zum Uhrmacher. „Ich hätte sie nicht fallen lassen sollen", sagt er. „Das wäre nicht so schlimm", erklärt der Meister. „Schlimmer ist, dass du sie wieder aufgehoben hast."

„Sag mal, Nadine, warum spielst du mit Handschuhen Klavier?"
„Still! Sonst wacht mein Brüderchen auf."

„Sonja, ich muss jetzt gehen. Willst du mich zur Straßenbahn begleiten?" Sonja überlegt kurz und meint dann: „Das geht nicht, Tante Else. Sobald du weg bist, schneidet Mama die Torte an!"

„Siehst du, Katrin, diese armen Kinder haben weder Vater noch Mutter, weder Onkel noch Tante. Willst du ihnen nicht etwas schenken?"
„Vielleicht sollten wir ihnen Tante Klara geben!"

„Wenn du nicht artiger wirst", schimpft der Vater,
„werde ich dich in ein Erziehungsheim schicken,
damit du endlich gute Manieren bekommst!"
Fragt der Sohn: „Weshalb kann ich die denn nicht
zu Hause lernen?"

„Du, Papa, macht eigentlich der
Weihnachtsmann alles selber?"
„Aber klar!"
„So, dann verstehe ich nicht, warum auf
dem Auto 5,90 Euro steht."

„Sag mal, Onkel, warum wäschst du denn niemals
deinen Charakter?"
„Was soll denn das heißen, Peter?"
„Na, Vater sagt immer: ‚Wenn Onkel Theo nur
nicht einen solch schmutzigen Charakter hätte!'"

„Papilein, gibst du Ingelein ein Eurochen?"
„Wenn du etwas von mir willst, Inge, dann
rede bitte vernünftig!"
„Okay, Alter, rück mal 'nen Fuffi raus!"

Bruno sagt zu seinem Vater: „Papa, heute hat
einer zu mir gesagt, dass ich dir sehr ähnlich sehe."
„So", sagt der Vater stolz, „und was hast
du geantwortet?"
„Nicht viel, der war nämlich stärker als ich."

Sven gibt dem Mann hinter dem Postschalter
einen 50-Euro-Schein und verlangt eine
Briefmarke zu 10 Cent. „Ich habe leider
kein 10-Cent-Stück", entschuldigt er sich.
„Das macht nichts", schmunzelt der Mann hinter
dem Schalter. „Gleich wirst du 490 davon haben!"

„Ätsch, mein Vater fährt aber ein großes Auto
und hat immer die Tasche voll Geld!"
„Was ist denn dein Vater von Beruf?"
„Busfahrer!"

„Tante, zeig mir doch
mal dein Gewehr."
„Gewehr? Ich habe doch keins.
Aber wie kommst du darauf?"
„Papa sagt doch, du seist immer
auf Männerjagd."

BANG!

David bekommt von seiner Großmutter
zehn Euro geschenkt. „Was sagt man denn?",
fragt die Oma. „Danke."
„Mehr nicht? Was sagt denn deine Mutter,
wenn dein Vater ihr Geld gibt?"
„Du wirst auch immer knickeriger!"

„Mama, schau mal,
der Mann isst die Suppe mit der Gabel!"
„Sei still!"
„Mama, jetzt trinkt er aus der Blumenvase!"
„Du sollst still sein!"
„Aber Mama, guck mal, jetzt isst er
sogar den Bierdeckel!"
„Dann gib ihm seine Brille zurück, damit
endlich Ruhe ist!"

Etwas kleinlaut fragt Sebastian die Nachbarin:
„Kann ich meinen Pfeil aus Ihrem Garten holen?"
„Ja, wo steckt er denn?" „In Ihrer Katze!"

ENTE GUT, ALLES GUT!

ENTI

ENNO

ENNA

Der Vater hält seinem Sohn eine Standpauke:
„Ich habe festgestellt, dass du lügst! Das kann
auf keinen Fall so weitergehen. Du musst mir auf
der Stelle versprechen, dass du in Zukunft die
Wahrheit sagst!" Der Sohn verspricht es
zerknirscht. In diesem Augenblick läutet die
Hausglocke. „Geh mal nach draußen!", sagt
der Vater. „Wenn mich jemand sprechen will,
dann sagst du, ich sei nicht zu Hause!"

„Du, Papa, bist du klüger als ich?"
„Das will ich meinen, Junge!"
„Sind Väter immer klüger als ihre Söhne?"
„Immer!"
„Dann muss aber mit meinem Großvater nicht
viel los gewesen sein …!"

„Du, Papa", will Tom wissen, „ist Tinte
eigentlich sehr teuer?"
„Keine Sorge, mein Junge! Wie kommst du
darauf?"
„Weil Mama einen schrecklichen Krach
gemacht hat, als ich das volle Tintenfass
auf den neuen Teppich fallen ließ ..."

Die Großmutter zum Enkel: „Wenn ich gähne,
halte ich mir die Hand vor den Mund."
„Brauch ich nicht", antwortet der Enkel,
„meine Zähne sitzen ja fest."

Die Eltern möchten von Till wissen, ob er noch ein
kleines Geschwisterchen will. „Nicht unbedingt!
Bisher bin ich mit euch auch alleine ganz gut fertig
geworden", erklärt er.

Hanna kommt zu ihrer Mutter und meldet stolz:
„Mama, ich habe im Schlafzimmer aufgeräumt."
„Brav, mein Kind." „Du hast jetzt viel mehr
Platz auf deinem Frisiertisch, ich habe alle
Flaschen, die so gut riechen, in eine einzige
zusammengegossen."

Der kleine Adrian kommt schmutzig nach Hause.
„Ich bin ins Gras gefallen", gesteht er seiner Mutter. Ungläubig fragt die Mutter: „Aber Adrian, so
sieht doch kein Gras aus."
Da antwortet er prompt: „Doch, Mama, nachdem
die Kuh es gefressen hat."

„Mama, guck doch mal aus dem Fenster!"
„Ja, was ist denn?"
„Otto will nicht glauben, dass du schielst!"

Die Jungen spielen Indianer. Da kommt der Großvater, schaut eine Weile zu und fragt dann: „Darf ich auch mitspielen?"
Der Häuptling schaut Opa eine Weile an. Dann deutet er auf Opas Glatze und sagt: „Nein, Opa, das geht leider nicht, du bist ja schon skalpiert."

Damit Susi später einmal schöne Zähne hat, bekommt sie eine Zahnspange verpasst. „Mama, krieg ich auch so eine Stoßstange ins Gesicht?", fragt ihr kleiner Bruder.

Reporter: „Was meinen Sie als Fachmann zu der Frage, ob Rockmusik taub macht?"
Musiker: „Wie bitte?"

Die Kinder streiten sich um den leckeren Nachtisch; jeder fürchtet, dass er zu wenig bekomme. Da ergreift die Mutter die Initiative. Peinlich genau teilt sie jedem die gleiche Menge zu. Dann fragt sie: „So, und wer hat nun zu wenig?" Der kleine Holger ruft: „Alle!"

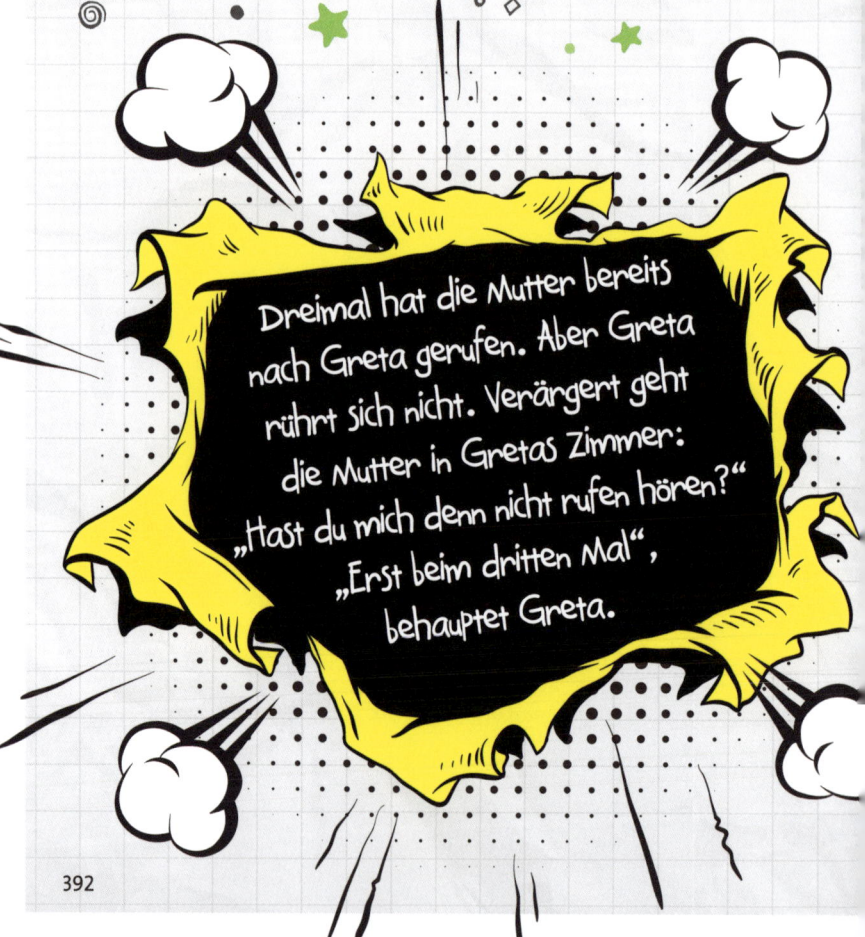

Dreimal hat die Mutter bereits nach Greta gerufen. Aber Greta rührt sich nicht. Verärgert geht die Mutter in Gretas Zimmer: „Hast du mich denn nicht rufen hören?" „Erst beim dritten Mal", behauptet Greta.

Die kleine Marie kommt von der Post nach Hause und gibt der Mutter das Geld zurück, das sie ihr mitgegeben hatte: „Da hast du das Geld wieder", sagt sie, „das du mir für die Briefmarken mitgegeben hast. Ich habe die Briefe ohne Marken in den Kasten geworfen, als niemand hingeschaut hat."

Der Vater ärgert sich über die Naschhaftigkeit der Kinder. „Als ich so alt war wie ihr", nörgelt er, „musste ich in einem kalten Zimmer frieren und hatte nicht einmal genug Brot zu essen."
„Dann kannst du ja dankbar sein, dass du jetzt bei uns sein darfst", stellt Samuel fest.

Michi hat ein Schwesterchen bekommen.
„Wie heißt es denn?"
„Keine Ahnung", sagt Michi. „Es spricht
noch zu undeutlich."

„Henri, warum weint deine kleine Schwester?"
„Weil ich ihr geholfen habe."
„Geholfen? Wobei?"
„Die Schokolade aufzuessen."

Sebastian zu seiner Schwester:
„Weißt du, dass Jungs schlauer sind als Mädchen?"
„Nein, das wusste ich nicht."
„Siehst du!"

„Mama, gibst du mir 'nen Euro für den
armen Mann, der da unten so schreit?"
„Was schreit er denn?"
„Schokoladeneis, Erdbeereis, Vanilleeis –
die Tüte nur ein Euro!"

„Mama, ist noch nicht bald Mittag?", ruft Fritz
durch die offene Küchentür.
„Das ist noch fast eine Stunde hin",
antwortet die Mutter.
„Na, so was!" wundert sich Fritz. „Da geht
mein Magen heute ganz schön vor!"

Winfried ist entsetzt, als er sein neugeborenes
Brüderchen zum ersten Mal sieht. Nachher
erzählt er der Tante: „Mein Brüderchen ist
schon als Opa auf die Welt gekommen –
keine Haare, keine Zähne!"

Max sitzt am Frühstücks-
tisch und will die Marme-
lade haben. Seine Mutter
fragt: „Wie heißt das
Zauberwort mit zwei ‚t'?"
Max denkt kurz nach und
sagt: „Flott!"

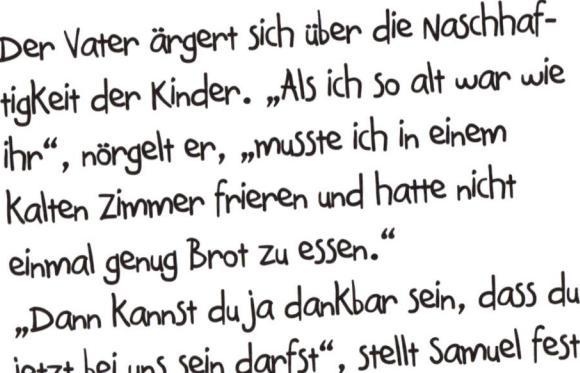

Der Vater ärgert sich über die Naschhaftigkeit der Kinder. „Als ich so alt war wie
ihr", nörgelt er, „musste ich in einem
kalten Zimmer frieren und hatte nicht
einmal genug Brot zu essen."
„Dann kannst du ja dankbar sein, dass du
jetzt bei uns sein darfst", stellt Samuel fest.

Auf der Fahrt in den Urlaub fragt Jonas
seinen Vater: „Papa, wie heißt der hohe
Berg dort drüben?"
„Das kann ich dir nicht sagen, Jonas.
Ich muss beim Fahren auf die Fahrbahn schauen."
„Papa, ist die Kirche dort drüben im
gotischen oder im romanischen Stil erbaut?"
„Das kann ich von hier aus nicht sehen, Jonas!"
„Papa, wie heißt der Fluss, über den
wir gerade fahren?"
„Ich hab nicht aufgepasst, Jonas!"
„Papa, ich glaube, ich frage dich
besser nichts mehr."
„Doch, Jonas, frage nur: Bis du groß bist,
musst du noch sehr viel lernen!"

397

Zwei Nonnen wandern nach **Amerika** aus. „Ich habe gehört, dass die Leute hier **Hunde essen**", sagt die eine. „Wie schrecklich", entgegnet die andere. „Aber wenn wir hier leben wollen, müssen wir uns anpassen."
„Also gut", sagt die Erste, „dann lass uns mal einen probieren." Am **Hot-Dog-Stand** bestellen sie zwei Hunde. Der Verkäufer wickelt die Hot Dogs in Folie und gibt sie ihnen. Als die erste Nonne ihren auspackt, fragt sie die zweite im Flüsterton: „Und, **welches Teil** hast du bekommen?"

„Es ist schlimm um die heutige Jugend bestellt. Keiner steht auf und macht den Erwachsenen Platz!", beschwert sich ein älterer Herr in mittleren Jahren im Omnibus.
„Aber Sie haben doch einen Sitzplatz!", wendet ein anderer Fahrgast ein.
„Ich schon; aber meine arme alte Mutter steht schon seit zwanzig Minuten."

Gina kommt mit einem weißen Pudel im Arm in den Klub und setzt sich an die Bar.
Fragt der Kellner hinterm Tresen: „Du, sag mal, was willst du mit der dummen Gans hier?"
Gina antwortet giftig: „Siehst du denn nicht, dass dies ein Hund ist?" Grinst der junge Mann hinter der Theke: „Wer redet denn mit dir? Ich unterhalte mich mit dem Pudel."

„Was bin ich dir eigentlich wert?", will Christian vom Vater wissen.
„Mindestens eine Million!"
„Fein! Könntest du mir darauf schon mal zwanzig Euro Vorschuss geben?"

Erstaunt sieht die Kleine Christine, wie sich der Vater das Gesicht mit Schaum eingepinselt hat und dann rasiert. Aufgeregt ruft sie die Mutter herbei: „Mama, komm mal schnell ins Bad! Papa arbeitet mit einem Schneeräumer in seinem Gesicht!"

Zwei Milchflaschen treffen sich. Sagt die eine: „Guten Tag!" Murrt die andere: „Sei still, ich bin sauer!"

Paul kommt aus dem Badezimmer und erklärt der Mutter: „Ich war überhaupt nicht schmutzig. Ich habe mich vor und nach dem Bad auf die Waage gestellt – es war immer das gleiche Gewicht!"

„Benni", ruft die Mutter in den Baderaum, „vergiss nicht, dir die Ohren auszuputzen!" „Wieso?", meint da Benni. „Ich höre doch noch gut."

„Wie hat denn Mama heute morgen gemerkt, dass du dich nicht gewaschen hast?", will Rosa wissen. Patrick erklärt es ihr: „Ich habe vergessen, die Seife nass zu machen."

Lukas kommt heulend zur Mutter:
„Lea hat mich an den Haaren gezogen."
Die Mutter besänftigt Lukas: „Lea ist noch so klein;
die weiß noch gar nicht, dass es weh tut."
Lukas gibt sich zufrieden. Doch nach einer Weile
schreit Lea aus Leibeskräften. Lukas kommt aus
dem Kinderzimmer und sagt triumphierend:
„So, nun weiß sie es!"

Die kleine Lilli ist gerade dabei, „sauber" zu
werden. Stolz bringt sie den Inhalt des
Nachttöpfchens zur Mutter und wird gebührend
gelobt. Doch plötzlich – o Schreck! –
fällt ihr das Töpfchen samt Inhalt auf den
Teppich. „Ist nicht schlimm", tröstet Lilli die
Mutter, „ich kann das noch mal machen!"

„Halt mal schnell den Draht", bittet Paul seine
Schwester Angela. „Fühlst du etwas?"
„Nein, gar nichts!", gibt Angela Auskunft.
„Schön", meint da Paul, „dann geht der Strom
durch den anderen Draht."

Alex ist bei seinem Freund Georg zum
Geburtstag eingeladen. Dort macht er Georgs
Mutter ein Kompliment: „Sie werden
jeden Tag jünger, Frau Becker!"
„Wenn du so übertreibst", entgegnet Georgs
Mutter, „dann kann man es nicht
recht glauben."
„Na", meint Alex, „dann sagen wir,
jeden zweiten Tag!"

Zwei Kinder streiten sich. Da sagt das eine:
„Du kannst dich drauf verlassen: Menschen,
die immer recht haben wollen, haben auch immer
blaue Augen." „Stimmt", pflichtet das andere
ihm bei, „aber hinterher!"

„Ich verstehe gar nicht, dass
du so eine bösartige Großmutter
hast", sagt Nicole zu Michaela.
„Ja, das ist wahr", muss Michaela
zugeben. „Je mehr Zähne Oma
verliert, umso bissiger wird sie!"

„Gestern sahen wir im Zirkus einen Feuerschlucker, Oma! Der hat richtiges Feuer gegessen. Toll, was?"

„Nun ja! Schade, dass er nicht vor drei Wochen hier war, als die große Fabrikhalle brannte. Da hätte er sich richtig satt essen können."

„Was sagt ihr in Bayern zu einem Laternenpfahl?"

„Laternenpfahl. Und ihr?"

„Nichts, wir gehen schweigend vorbei."

„Ich kenne in Göttingen eine Stelle, von der man die Zugspitze sehen kann!"

„Das glaubst du doch selber nicht. Wo soll das denn sein?" „Am Bahnhof!"

Streng fragt die Mutter: „Theo, wo ist
das Stück Kuchen, das hier lag?"
„Das habe ich einem hungrigen kleinen
Jungen gegeben."
„Das ist aber lieb von dir", lobt die Mutter,
„Wer war denn der Junge?"
„Ich, Mama!", gesteht Theo.

„Max", knöpft Vater sich den Sprössling vor, „als
ich noch so klein war wie du, hab ich nie gelogen!"
„Und wann hast du damit angefangen?",
will Max wissen.

„Mir fällt da was ein", sagte der Architekt, als
das neue Hochhaus zusammenstürzte.

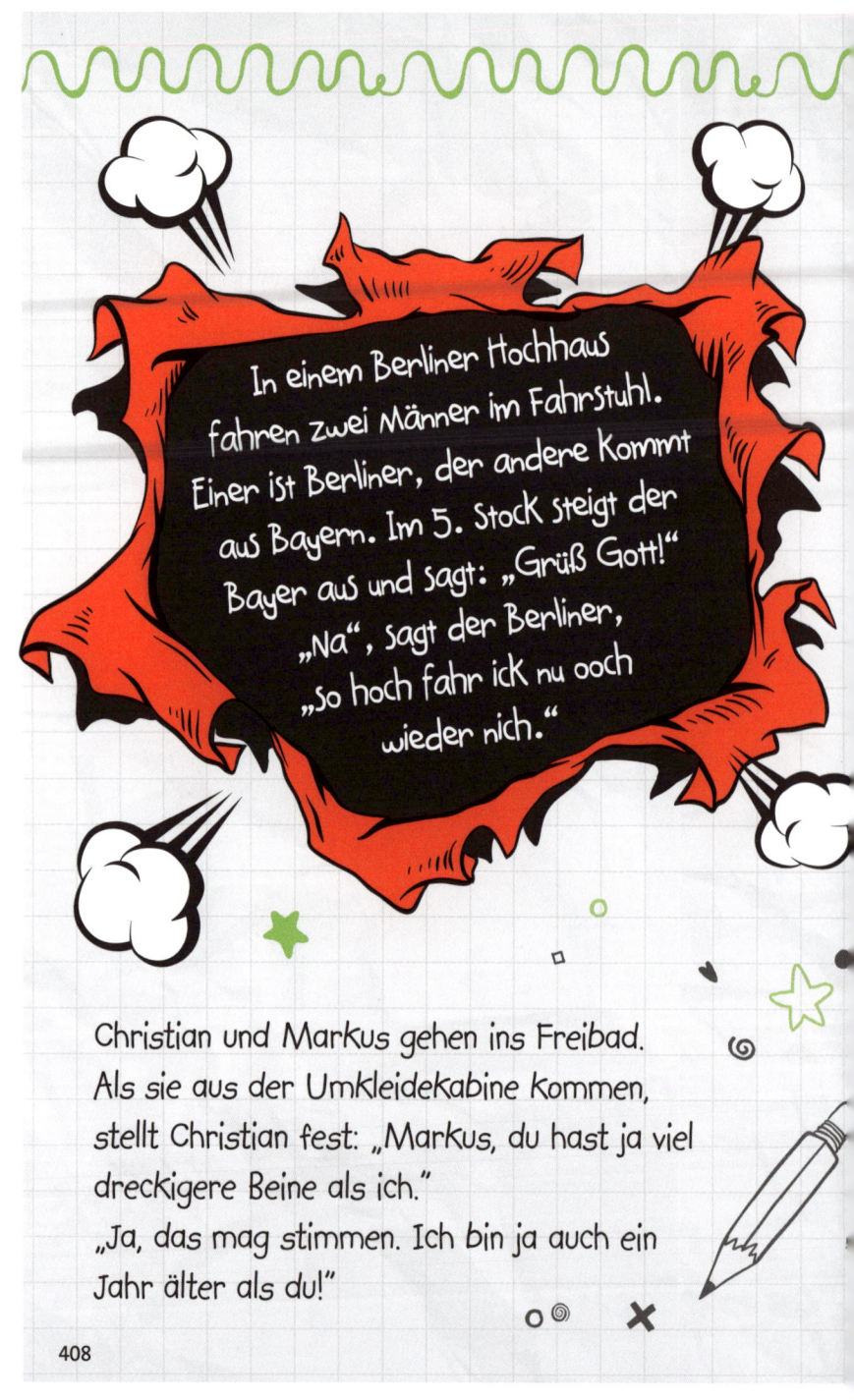

In einem Berliner Hochhaus fahren zwei Männer im Fahrstuhl. Einer ist Berliner, der andere kommt aus Bayern. Im 5. Stock steigt der Bayer aus und sagt: „Grüß Gott!" „Na", sagt der Berliner, „so hoch fahr ick nu ooch wieder nich."

Christian und Markus gehen ins Freibad. Als sie aus der Umkleidekabine kommen, stellt Christian fest: „Markus, du hast ja viel dreckigere Beine als ich."
„Ja, das mag stimmen. Ich bin ja auch ein Jahr älter als du!"

Die 15-jährige Laura kauft ein.
„Was kostet ein Beutel Pfeffer-
minzbonbons?", fragt sie den
Verkäufer. Dieser meint lustig
mit den Augen zwinkernd:
„Na, weil du es bist, einen Kuss!"
„Prima", sagt Laura. „Dann geben Sie mir
gleich fünf Beutel, meine Großmutter wird
es morgen bezahlen."

Sara fragt den Vater:
„Papa, bist du der Klügere
in unserer Familie?"
Der Vater ist erstaunt.
„Wie meinst du das?"
„Nun, wenn du mit Mama
streitest, gibst du doch immer nach!"

NOCH EIN Witz

„Timo, ich hab einen neuen Witz gehört. Ich weiß aber nicht mehr, ob ich ihn dir schon erzählt habe."

„Ist er denn gut?", fragt Timo.

„Ja, sogar sehr gut." „Dann hast du ihn mir noch nicht erzählt."

Im Wäschegeschäft sagt ein Kunde zur Verkäuferin: „Ich möchte ein paar Unterhosen."

„Lange?"

„Was geht sie das an? Ich will die Hosen nicht mieten, sondern kaufen!"

„Karl, komm mal her, hier werden Klappsessel geliefert. Hast du die bestellt?"

„Nein, Schatz, das warst du. Das kommt davon, weil du ‚Clubsessel' unbedingt Englisch aussprechen musst!"

„Mir ist unbegreiflich, warum Hans mit seinen 2,12 Metern so eine kleine Frau geheiratet hat!"

„Berechnung! Sie weiß bis heute nicht, dass er eine Glatze hat."

Miriam läuft mit ihrem Vater im Eilschritt zum Bahnhof, damit sie den Zug noch bekommen. Als ihr die Puste ausgeht, schlägt sie ihrem Vater vor: „Können wir uns nicht langsamer beeilen?"

Die Eltern kommen mit Luna spät von einer Geburtstagsfeier zurück. Vor einem hell erleuchteten Warenhaus fragt Luna:
„Du, Papa, warum lassen die denn die ganze Nacht das Licht brennen?"
„Wegen der Einbrecher."
„Das verstehe ich nicht, die haben doch immer eine Taschenlampe dabei."

Sagt ein Roboter an der Tankstelle zur Zapfsäule: „Nimm deinen Finger aus dem Ohr, ich will mit dir reden!"

Herbert vertritt den Nachtportier im Hotel. Am Morgen beschwert sich ein Gast: „Stellen Sie sich das vor! Heute Nacht haben sich bei mir im Zimmer zwei Ratten gebalgt!"

„Ja, was erwarten Sie denn für 30 Euro?", meint Herbert. „Einen Stierkampf?"

Ella macht mit der Tante eine Reise ins Heilige Land. Am See von Genezareth verlangt die Schifffahrtsgesellschaft 8 Dollar pro Person für die Überfahrt. „Was? 8 Dollar pro Person?", empört sich Ella. „Kein Wunder, dass Jesus zu Fuß über den See gegangen ist."

„Sagen Sie mal, Huberbauer, raucht Ihr Pferd?" „Nö." „Dann brennt Ihr Pferdestall!"

Zwei Arbeiter laufen mit erhobenen Händen hinterei-
nander über den Bauplatz. Plötzlich bleibt der eine
stehen und sagt zu seinem Kollegen: „Mensch, Kumpel,
ich glaube, wir haben den Balken vergessen."

Fragt die junge Ehefrau im Geschäft:
„Haben Sie auch runde Suppenwürfel?"
„Runde Suppenwürfel ...?"
„Ja, mein Mann kriegt diese eckigen Dinger
immer so schlecht runter!"

„Ich habe mir ein Bienenvolk aus Istanbul kommen
lassen." „Wozu das denn?"
„Ich will türkischen Honig herstellen."

„Mein Mann treibt jetzt Sport", erzählt Frau Meier der Nachbarin. „Er reitet, denn er will jetzt schlanker werden."

„Und", fragt die Nachbarin, „hat er schon abgenommen?" Frau Meier: „Er nicht, aber das Pferd!"

Zwei Ostfriesen sitzen im Kino. „Wetten", sagt der eine, „dass der Cowboy jetzt gleich in die Kakteen fällt?" Und der Cowboy fällt tatsächlich in die Kakteen. „Ich habe den Film nämlich schon einmal gesehen", bemerkt der erste Ostfriese. „Ich auch", sagt der zweite, „aber ich dachte nicht, dass der Kerl so blöd ist und zweimal in die Kakteen fällt!"

David und Nele machen einen Bummel durch den Park, als ein Gewitter aufzieht. „Ich habe schreckliche Furcht vor Gewittern", zittert die ängstliche Nele. „Ich fürchte immer, ein Blitz könnte mich treffen."

„Bei deiner Anziehungskraft ist das verständlich", bestätigt der verliebte David.

●　◎　○　◻　●

Verärgert fragt Frau Meier: „Herr Ober, haben Sie mich vergessen?"
„Aber nein, Gnädigste. Sie sind doch die Dame mit dem Schweinebauch, oder?"

●　◎　○　◻　●

„Du, Emil, ich weiß jetzt, wie ich viel Strom sparen kann!", sagt Lea stolz. „So, wie denn?"
„Ich benutze für alle Geräte nur noch eine einzige Steckdose!"

Herr Müller kommt von der Jagd und bringt einen Hasen mit. Misstrauisch betrachtet seine Frau den Hasen: „Was bedeutet denn das Schild ‚€ 10,80' am Ohr?" Herr Müller stottert verlegen: „Ach, das ist die Uhrzeit, als ich auf ihn geschossen habe!"

Eine Kartoffel und ein Spargel unterhalten sich. „Das verstehe ich nicht", meint die Kartoffel, „ich bin groß und schwer. Und du bist dünn und leicht. Trotzdem bezahlen die Menschen für dich viel mehr als für mich!"
„Ja, meine Liebe", meint der Spargel, „Köpfchen, Köpfchen …!"

„Was ist eigentlich ein Schöffengericht?", fragt Frau Kluge. „Schau doch nach", brummt Herr Kluge, „wozu hast du denn die vielen Kochbücher herumliegen?"

„Gestern bin ich Bahn gefahren. Da muss ich einen Zug gekriegt haben. Ich habe ein ganz steifes Genick."

„Warum hast du denn nicht mit jemandem den Platz getauscht?"

„Ging nicht, ich war allein im Abteil."

Herr Müller beobachtet, wie sein Nachbar Mist durch den Garten fährt. „Was machen Sie denn damit?", fragt er ihn. „Der kommt auf die Erdbeeren!" Herr Müller ist entsetzt: „Also, wir machen da immer Schlagsahne drauf!"

Der kleine Milan hat Fieber. Der Arzt untersucht ihn mit einem Stethoskop. Milan: „Telefonierst du mit meinen Bazillen?"

ENTE GUT, ALLES GUT!

DAS IST ECHT UNFAIR!

SO VIELE VÖGEL SIND SO FARBENPRÄCHTIG ... UND WARUM ICH NICHT?

NOCH NICHT DAS, WAS ICH SUCHE!

AUSGEZEICHNET! DAS NEHME ICH!

„So, Annika, ehe wir mit der Klavierstunde beginnen, möchte ich dir zunächst erklären, was die weißen und was die schwarzen Tasten bedeuten. Was meinst du wohl?"

„Ich weiß, Herr Klavierlehrer: Auf den weißen spielt man bei Hochzeiten, auf den schwarzen bei Beerdigungen."

Treffen sich zwei Jäger. „Ich habe einen großen Vogel geschossen", erzählt der eine. „Weidmannsheil", sagt der andere, „was war's denn für einer?" „Weiß ich nicht genau – aber es saßen viele Leute drin!"

„Unsere Wohnung ist feucht", erzählt Frau Nieber. „Gestern war in der Mausefalle sogar ein Fisch gefangen!"

„Warum ist Ihre Kuh so dünn?"
„In der schönen Landschaft vergisst sie ständig
das Fressen."

Nach der Pause im Theater: „Verzeihung,
meine Dame, habe ich Ihnen vorhin kräftig
auf den Fuß getreten?"
„Ja, allerdings."
„Komm, Gerda, ich habe unsere Reihe
wiedergefunden."

Ein Schotte reißt sorgfältig die Tapete von
der Wand. Sein Nachbar fragt ihn:
„Tapezieren Sie neu?"
„Nein, ich ziehe um!"

Sagt der Ober im Weinlokal zu dem Gast: „Wir haben heute etwas ganz Besonderes für Sie. Einen wundervollen Eiswein. Möchten Sie ihn mal probieren?"

„Gern, aber bitte nur ein ganz kleines Würfelchen!"

OOPS!

Im Kaufhaus verlangt ein Herr einen Nachttopf. „Klein oder groß?", fragt die nette Verkäuferin. „Ach", meint der Herr verlegen, „am liebsten für beides!"

•   ◎   ○   ◻   •

Kommt ein Kunde in die Apotheke und verlangt ein Wurmmittel. Fragt der Apotheker: „Für Erwachsene?" Stottert der Kunde: „Ich weiß nicht, wie alt der Wurm ist ..."

„Mein Mann geht abends mit den Hühnern schlafen!"
„Hat er denn auf der Stange Platz?"

Ein anspruchsvoller Kunde verlangt ein Paar Krokodilllederschuhe und fragt den Verkäufer: „Sind die denn auch wasserdicht?"
„Aber selbstverständlich! Sonst wäre das Krokodil doch glatt ertrunken!"

„Ich wollte auch mal das Wellenreiten ausprobieren", erzählt Ralf nach seiner Rückkehr aus dem Urlaub, „aber meint ihr, dieser blöde Gaul wäre auch nur einen Schritt ins Wasser gegangen?!"

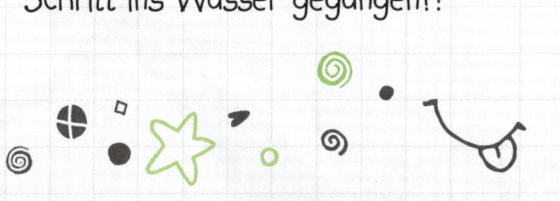

Zwei Jungen wollen sich übertrumpfen. „Mein
Vater kann sich rasieren, ohne die Zigarre aus
dem Mund zu nehmen!"
„Das ist noch gar nichts!", wetteifert der andere.
„Mein Vater kann sich die Fußnägel schneiden,
ohne die Strümpfe auszuziehen!"

Anton sieht, wie sein Vater die Fische im Aquarium
füttert. „Was gibst du den Fischen?", fragt er.
„Wasserflöhe!"
„So eine Tierquälerei!" schimpft Anton, „wo sich
die Fische doch nicht kratzen können!"

„Schreibst du immer deine Briefe so langsam?"
„Nein, nur wenn sie an meine Oma sind. Die
kann nicht schneller lesen!"

Der Vater ist wütend, weil der Kleine Willi die ganze Wohnzimmerwand vollgekritzelt hat. „Was zum Teufel fällt dir denn ein?" Darauf Willi: „Es geschah im Interesse der Forschung, Papa - ich habe entdeckt, dass ein Kugelschreiber bis zu zwanzig Kilometer Tinte enthält."

„Maul sagt man nicht, das ist ein hässliches Wort", belehrt die Mutter ihren kleinen Sohn. „Das heißt Mund." Eine Stunde später kommt der Junge aus dem Garten zurück ins Haus und ruft: „Mama, Papa hat eben einen Mundwurf ausgegraben!"

„Sag mal, Monika, würdest du vielleicht auch einen einäugigen Mann heiraten?"
„Nein, bestimmt nicht."
„Dann lass mich lieber den Schirm tragen!"

„Hallo, Sie da!", ruft der Aufseher. „Haben Sie überhaupt eine Angelkarte?" „Nicht nötig", erwidert Herr Müller, „ich finde die Fische auch so!"

Ein Tourist fängt aufgeregt an, in seinem Wörterbuch zu blättern, dann winkt er nach dem Ober: „Bitte, was ist Schimmel?", fragt er. „Ein weißes Pferd", antwortet der Ober. „Und was machen bitte weiße Pferde auf meiner Marmelade?"

Peter sagt zu seinem Freund: „Um keinen Preis möchte ich Arzt sein! Denke doch nur, wie oft der sich täglich die Hände waschen muss!"

„Wie habt ihr denn euer
Wohnzimmer eingerichtet?"
„Ganz mit Apfelsinenkisten."
„Das ist ja interessant!
Und was steht in den anderen
drei Räumen?"
„Nichts, die sind voller Apfelsinen."

„Schenk mir einen Elefanten!", bittet Natalie den
Direktor vom Zoo. „Geht nicht, Kind – sie sind
leider alle gezählt …"

ENTE GUT, ALLES GUT!

WOW, ICH BIN EIN GLÜCKSPILZ! ICH HABE EINE MÜNZE GEFUNDEN.

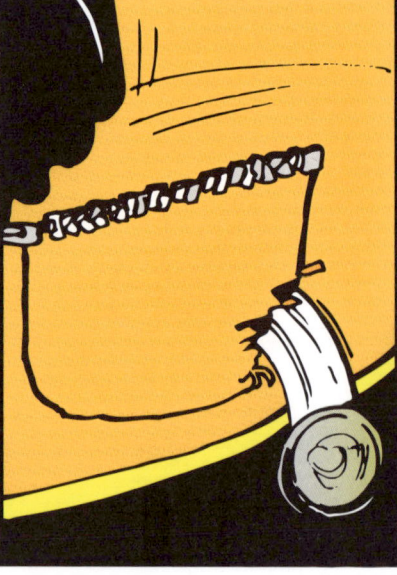

„Verzeihung, Herr Skilehrer, welchen Namen trägt dieser Berg da drüben?"

„Woas für oana?"

„Ah ja! Vielen Dank."

Warum haben Beamte immer so zerknitterte Krawatten? Weil sie bei Dienstbeginn ihren Schlips in die Schreibtischschublade klemmen, um beim Büroschlaf nicht nach hinten umzukippen.

Der junge Vater kommt in die Klinik. Freudestrahlend umarmt er seine Frau. „Hast du unser Kind schon gesehen?" fragt er. „Ja", flüstert sie zurück. „Aber ich liebe dich trotzdem."

Mit vollem Mund soll
man nicht reden.
Aber die meisten reden
mit leerem Kopf.

Ida ist Serviererin im Café Müller.
„Was Sie da gebracht haben, ist
doch nie im Leben Bohnenkaffee!",
beschwert sich ein Gast sichtlich
erregt. „Und das soll kein echter
Bohnenkaffee sein", kontert Ida,
„wo Sie doch nach einem einzigen
Schluck schon so aufgeregt sind?!"

Der Fleischermeister sagt zu seinem neuen Lehrling: „Bring diesen Schinken zu Herrn Doktor Müller. Aber geh nicht die Straße entlang, sondern über den Feldweg. Dann kannst du ein ordentliches Stück abschneiden."

„Und", strahlt der Lehrling, „das darf ich dann unterwegs essen?"

„He, Mann, was suchen Sie denn in meiner Hosentasche?"

„Streichhölzer."

„Und warum bitten Sie mich nicht einfach um Feuer?"

„Ich spreche so ungern fremde Leute an."

„Du hast dich wieder herumgeprügelt!", schimpft der Vater. „Du hast ja sogar zwei Vorderzähne verloren!" „Nein, Papa, ich habe sie in meiner Tasche!"

Pia trifft Karl, der eine Angel in den Rhein hält.
„Also hier brauchst du wirklich nicht zu angeln.
Hier gibt's schon lange keine Fische mehr", sagt
Pia. Erwidert Karl: „Ich angle ja auch nicht, ich
entwickle meine Urlaubsfotos!"

Felix hat eine Fensterscheibe eingeworfen.
Stürzt der Hausbesitzer heraus und fragt:
„Wie heißt dein Vater?"
„Weiß ich nicht."
„Wie alt bist du denn?"
„Sieben."
„Was", schnappt der Mann, „du bist sieben
Jahre und weißt nicht, wie dein Vater
heißt?"
„Klar", sagt Felix, „meine Mutter ist schon
über dreißig und weiß es auch noch nicht."

Der kleine Junge am Strand isst ein Eis. Ein Tropfen fällt einem Badegast auf den Bauch, der im Sand schläft. Der schreckt auf: „Mensch, die Möwe muss direkt aus Alaska gekommen sein!"

• ◎ ○ ◇ •

Sagt der Ober: „Mein Herr, Ihr Glas ist leer! Möchten Sie noch eins?" Erwidert der Gast: „Nein, was soll ich denn mit zwei leeren Gläsern?"

• ◎ ○ ◇ •

„Kennen Sie schon unsere Schnecken?", fragt der Ober den Gast. „Ja, das letzte Mal bin ich von einer bedient worden."

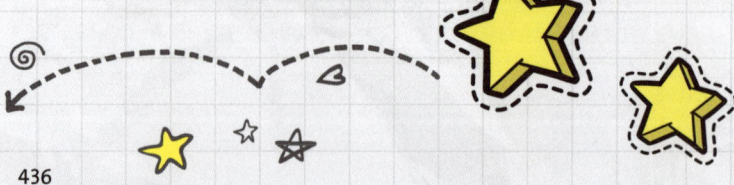

Erzählt Frau Meier ihrem Mann: „Du, stell dir vor, Schneiders haben im Lotto gewonnen – jetzt lassen sie sich das Suppengrün von Fleurop schicken!"

Ein Polizist steht in der Stadt und weint. Ein Passant fragt ihn mitleidig: „Was fehlt Ihnen denn?"
„Ich habe meinen Hund verloren!"
„Der findet bestimmt allein nach Hause."
„Der schon, aber ich nicht!"

ENTE GUT, ALLES GUT!

HALLO ENNA. ICH FLIEGE MIT MEINER FAMILIE IN DEN URLAUB AUF DIE KANAREN. ICH HABE ABER LEIDER NIEMANDEN, DER AUF BOMMEL AUFPASST ...

DAS IST KEIN PROBLEM, HERR MÜLLER. ICH PASSE SEHR GERNE AUF IHREN BOMMEL AUF.

OK, TSCHÜSS, HERR MÜLLER!

GHRRR!

ENNO

ENTI

ENNA

VIELEN DANK, ENNA. WENN WIR WIEDER ZURÜCK SIND, REDEN WIR ÜBER DEINEN LOHN!

GHRRR!

JA, HERR MÜLLER ... BOMMEL FÜHLT SICH SEHR WOHL. ER WARTET SCHON SEHNSÜCHTIG AUF SIE.

GHRRR!

Zwei Buben geben mit ihren Vätern an. Sagt der eine: „Mein Vater hat in Amerika die wildesten Mustangs zugeritten." Sagt der andere: „Kennst du das Tote Meer?"

„Ja, was ist damit?"

„Mein Vater hat es umgebracht!"

Fragt der Zehnjährige seinen Vater: „Sag mal, warum gibt es in manchen Zeitungen eigentlich Witzzeichnungen, unter denen ‚Ohne Worte' steht?"

„Ganz einfach, das sind Witze für Analphabeten, damit die auch mal was zum Lachen haben!"

„Papa, warum ist im Ozean so viel Wasser?"

„Ist doch ganz klar: weil sonst die Schiffe zu viel Staub aufwirbeln würden!"

Der Kleine Leopold soll fotografiert werden. „Schau mal auf das runde schwarze Loch im Apparat", sagt der Fotograf. „Da kommt gleich ein Vögelchen heraus." Meint Leopold: „Achten Sie lieber auf Blende, Entfernung und Belichtungszeit, sonst ist die ganze Aufnahme im Eimer."

Julia, sieben Jahre alt und Tochter eines Arztes, öffnet einem Patienten die Tür. „Tut mir leid", sagt sie. „Papa ist bei einer Appendix-Resektion." „Donnerwetter! Weißt du, was das bedeutet?" „Klar, glatte 1000 Euro!"

„Herr Ober, der Hummer ist nicht frisch." „Der ist heute Morgen erst von der Nordsee hergekommen." „Aha! Dann aber mit Sicherheit zu Fuß."

Die Pferde kommen von der Weide zurück und gehen in den Stall. Zwei Jungen aus der Stadt sehen ihnen dabei zu. „Das ist fabelhaft", sagt der eine, „jedes Pferd findet gleich seinen richtigen Platz."

„Was ist denn daran so fabelhaft?", meint der andere geringschätzig. „Über jedem Platz hängt ja das Schild mit seinem Namen."

Die Schauspielerin hat sich mit einer alten Schulfreundin in einem Café getroffen. Nach ein paar Stunden meint sie: „Jetzt haben wir die ganze Zeit nur von mir gesprochen. Lass uns doch mal zu dir kommen: Wie findest du mich in meinem neuen Film?"

„Ihr könnt euch gar nicht
vorstellen, wie ich im Urlaub
umschwärmt worden bin",
prahlt Sascha am Stamm-
tisch. „Wieso", fragt Horst,
„waren dort so viele Mücken?"

Frau Huber sagt zu ihrer Nachbarin:
„Wir werden bald in einer
schöneren Gegend wohnen."
Meint die Nachbarin: „Und
wir in einer ruhigeren."
„Ach, ziehen Sie denn auch um?"
„Nein, wir bleiben!"

„Ich weiß auch nicht", sagt der Sand
zum Stein, „aber ich fühle mich
immer so zerstreut!"

Der Vater knöpft sich seinen Sohn vor. „Hast du die Fensterscheibe eingeworfen?", fragt er streng. „Ja, tut mir leid, Papa. Ich war gerade dabei, meine Steinschleuder zu reinigen, da löste sich plötzlich ein Schuss."

Ein kleiner Junge verlangt in der Drogerie Mottenpulver. „Für wie viel soll's sein?", fragt der Verkäufer. Sagt der Kleine verlegen: „Gezählt haben wir sie nicht."

Mutter: „Wie war's in der Schule?"
Sohn: „Gut. Ich war der Einzige, der eine Frage beantworten konnte."
Mutter: „Welche Frage?"
Sohn: „Wer hat gepupst?"

„Deine Mutter sieht es bestimmt nicht gern, dass du einen so knappen Bikini trägst", tadelt eine ältere Dame ein junges Mädchen im Schwimmbad. „Da haben Sie recht. Mama hasst es, wenn ich ihre Sachen anziehe!"

Kolja kommt in den Laden: „Ich möchte Käse vom Pferd." Lächelt der Verkäufer: „Vom Pferd, hör' mal Junge, das muss aber ein Irrtum sein." „Nein", sagt Kolja bestimmt, „ich möchte Schimmelkäse!"

„Ich habe 15 Jahre gebraucht, um dieses wiegenlied zu schreiben."
„warum so lange?"
„weil ich immer wieder dabei eingeschlafen bin!"

ENTE GUT, ALLES GUT!

ICH HABE MIR EINEN KLEINEN FISCH FÜR MEIN AQUARIUM GEKAUFT. MORGEN FAHRE ICH IN DEN URLAUB, KANNST DU DICH UM IHN KÜMMERN?

NA KLAR! KEIN PROBLEM!

KOMISCH ... WO SIND DENN DIE ANDEREN FISCHE HIN?

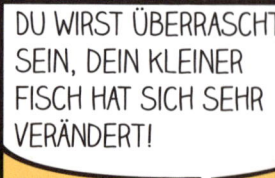

DU WIRST ÜBERRASCHT SEIN, DEIN KLEINER FISCH HAT SICH SEHR VERÄNDERT!

ENNO

ENTI

ENNA

WOW!!
DU WÄCHST ABER
SEHR SCHNELL!

WAS BIST
DU DENN
FÜR EIN
VIELFRASS?

Das Telefon klingelt. Klaus nimmt den Hörer ab und sagt: „Hallo."
„Ist dein Vater da?" fragt der Anrufer.
„Nein."
„Und deine Mutter?"
„Auch nicht, nur meine Schwester."
„Aha, schön", sagt der Anrufer, „kannst du sie mir mal an den Apparat holen?"
„Ja." Es dauert ein paar Minuten, dann ist Klaus wieder da: „Ich kann Ihnen meine Schwester doch nicht geben, ich bringe sie einfach nicht aus ihrem Laufstall heraus."

• ◎ ○ ◊ •

„Du, Mats, ich habe eben im Wald vier Hufeisen gefunden. Weißt du, was das bedeutet?"
„Natürlich, das bedeutet, dass jetzt irgendwo ein armer Gaul barfuß mit kalten Füßen durch die Gegend rennt!"

„Hast du schon mal gesehen, wie ein Kalb geboren wird?", fragt der Bauer den Sohn seiner Feriengäste. „Nein, noch nie", antwortet der Junge. „Also, zuerst kommen die Vorderbeine heraus, dann der Kopf, die Schulter, der übrige Körper und schließlich die Hinterbeine."
„Toll!", staunt der Junge. „Und wer setzt das alles zusammen?"

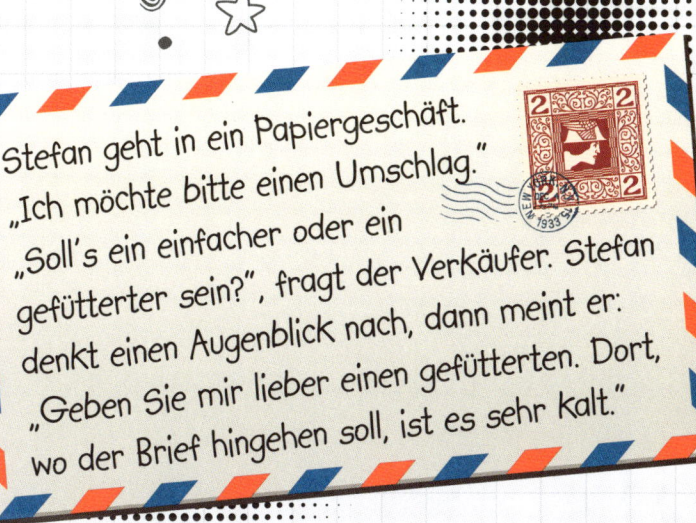

Stefan geht in ein Papiergeschäft. „Ich möchte bitte einen Umschlag." „Soll's ein einfacher oder ein gefütterter sein?", fragt der Verkäufer. Stefan denkt einen Augenblick nach, dann meint er: „Geben Sie mir lieber einen gefütterten. Dort, wo der Brief hingehen soll, ist es sehr kalt."

Kirsten soll ein großes Schwarzbrot holen. Nach einer halben Stunde kommt sie mit einer riesigen Tüte Gummibärchen zurück: „Das Schwarzbrot war alle, und da dachte ich, von irgendwas will der Bäcker ja auch leben …"

Der Sohn des Zoodirektors gibt groß an: „Mein Vater ist ein Genie. Letztes Jahr hat er einen Eisbären mit einem Känguru gekreuzt."
„Na und?", fragen die anderen. „Große Klasse. Das gibt einen Pelzmantel gleich mit Taschen drin."

Zwei Säuglinge im Kinderwagen begegnen sich auf der Straße. Fragt der eine: „Wie bist du denn mit deiner Mutter zufrieden?" Meint der andere: „Eigentlich sehr. Nur am Berg ist sie etwas langsam!"

Der Vater versucht, seinem Sohn das Schwimmen beizubringen. Nach einer Viertelstunde sagt der Sohn: „Papa, hören wir jetzt auf?" Der Vater erstaunt: „Wieso, macht es dir keinen Spaß mehr?" „Spaß schon, aber ich habe keinen Durst mehr."

Was ist der Unterschied zwischen einem Weihnachtsbaum und einem Säugling?
Den Weihnachtsbaum putzt man vor, den Säugling nach der Bescherung.

„Der Sitz ist noch ganz warm", beschwert sich in der Straßenbahn ein Fahrgast bei einem anderen, der gerade Platz gemacht hat.
„Na und?", entgegnet ihm da der andere. „Soll ich mir vielleicht wegen Ihnen einen Eisbeutel in die Hose hängen?"

ENTE GUT, ALLES GUT!

FERIEN-PENSION FÜR HAUSTIERE

DRRR

F.P.F.H., GUTEN TAG! WIE KANN ICH IHNEN HELFEN?

GUTEN TAG, DAS IST HENRIETTE. SIE IST SEHR LIEB UND ANHÄNGLICH. ICH BIN IN EINER WOCHE WIEDER DA!

HENRIETTE?

ENNO

ENTI

ENNA

MEINE QUALIFIKATIONEN? ICH HABE SCHON AUF DEN VERRÜCKTEN HUND UNSERES NACHBARN AUFGEPASST UND DEN HAI EINES FREUNDES GEFÜTTERT. MICH KANN NICHTS MEHR ÜBERRASCHEN!

HENRIETTE ... HENRIETTE, BITTE HÖR DAMIT AUF!

HAUS

MEINE Witze

Der Bewohner einer Wohnung im 5. Stock entdeckt im Blumenkasten auf seinem Balkon eine Schnecke. Er schmeißt sie vom Balkon auf die Straße. Nach 2 Jahren klingelt es an der Tür. Er macht die Tür auf. Da steht die Schnecke und sagt: „Was sollte die Aktion?"

Du kennst noch mehr Witze?
Auf den folgenden Seiten ist genug Platz,
damit du deine besten Witze aufschreiben kannst!

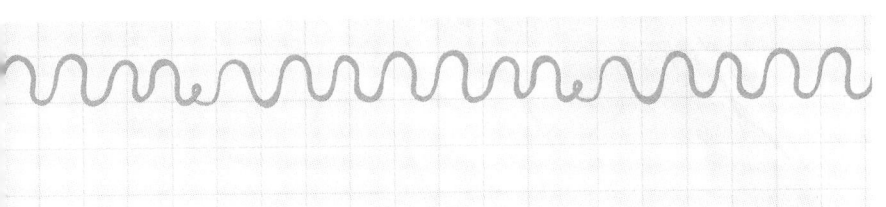

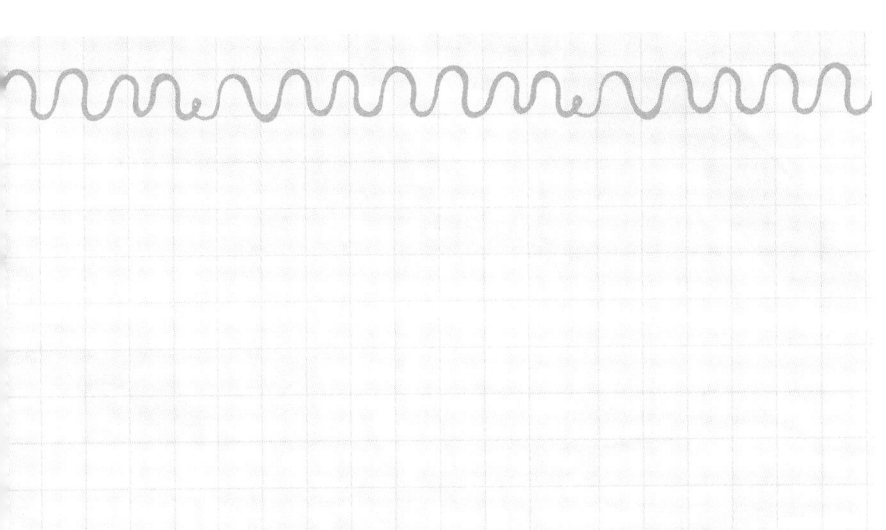

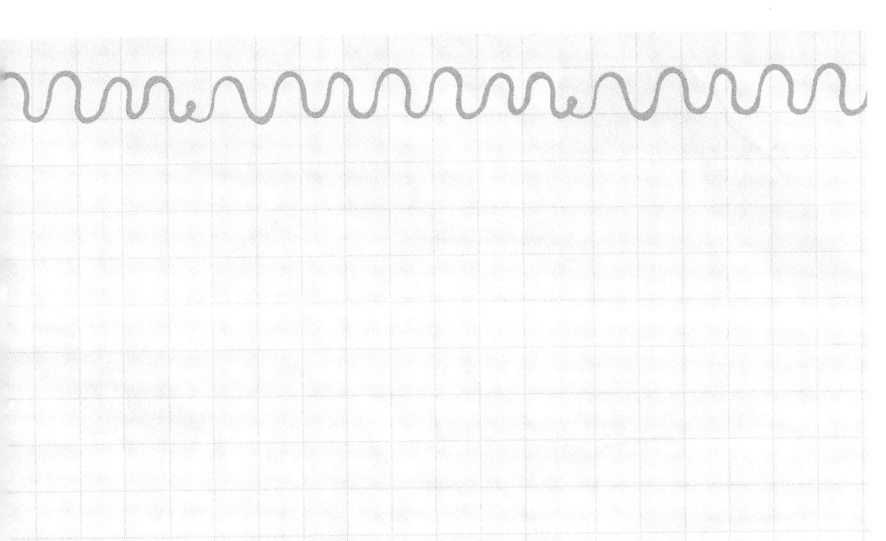

© 2017 design cat GmbH

Genehmigte Lizenzausgabe
EDITION XXL GmbH
Industriestraße 19
64407 Fränkisch-Crumbach 2017
www.edition-xxl.de

Idee und Projektleitung: Sonja Sammüller
Layout, Satz und Umschlaggestaltung:
design cat GmbH

ISBN 978-3-89736-720-3